Die Böttcherstraße

Hermann Gutmann

Die Böttcherstraße

Ein Lesebuch

EDITION TEMMEN

Die Deutsche Bibliothek verzeichnet diese Publikation in der Deutschen Nationalbibliografie; detaillierte bibliografische Daten sind im Internet über http://dnb.ddb.de abrufbar.

1. Auflage 2010

Illustrationen: Peter Fischer

Hohenlohestr. 21 – 28209 Bremen
Tel. 0421-34843-0 – Fax 0421-348094
info@edition-temmen.de
www.edition-temmen.de

Herstellung: Edition Temmen

ISBN 978-3-8378-1103-2

Inhalt

So viel zur Neuausgabe

Ich mache es kurz!

Im Jahre 1993 beauftragte mich der Verlag Johann Heinrich Döll in Bremen, ein Buch über die Böttcherstraße zu schreiben.

Das habe ich gemacht.

Das Buch erschien unter dem Namen »Die Böttcherstraße«. Unterzeile: »Ein Lesebuch«.

Die Auflage des Buches wurde verkauft. Den Johann Heinrich Döll Verlag gibt es nicht mehr.

Im Jahre 2009 fragte man mich bei der Edition Temmen: »Sie haben doch mal ein Buch über die Böttcherstraße geschrieben?«

Ich sagte: »Ja!«

»Kann man das nicht noch mal auflegen?«

»Das kann man sicherlich«, meinte ich, denn die Rechte für das Buch lagen bei mir.

Daraufhin stand es für die Edition Temmen fest: »Dann machen wir's.«

Aber so einfach war das eben doch nicht.

Ich habe das Buch noch einmal durchgesehen – und mit einem Male hatte ich eine Menge Arbeit am Hals. Gut, einiges in dem alten Buch fand ich nach wie vor in Ordnung. Das konnte so stehen bleiben. Aber sehr vieles eben auch nicht.

Ich habe Altes gestrichen oder umgeschrieben und ergänzt. Ich habe Neues geschrieben und versucht, den für mich jedenfalls märchenhaften Charakter der Böttcherstraße in den Vordergrund zu rücken,

In den 60er und 70er Jahren des 20. Jahrhunderts galt die Böttcherstraße als »Bremens heimliche Hauptstraße«.

Ein bisschen ist sie es immer noch. Und eben eine Märchengasse.

Der »Lichtbringer«

Wie alles begann …

»Dank ok schön för den Sonntags-Extra-Zigarrenstummel, Herr Kommerschenrat«, sagte Heini Holtenbeen, plierte ein bisschen mit den Augen und humpelte unter dem Gespött der Gören von der Börse her, wo sein Stammplatz war, über den Markt, vorbei an Eier-Minchen, zur Brauerei und Branntweinbrennerei von Haake & Co. an der Ecke Böttcherstraße.

Bei Haake wollte sich Heini Holtenbeen erst mal einen zu Gemüte führen. Dabei musste er am Stall der Milchwirtschaft im selben Haus vorbei. Der Stall war ihm ja egal, aber die Milch, igitt! Für Heini Holtenbeens Begriffe hatte jede Art Flüssigkeit, die für den Menschen bestimmt war, scharf und klar zu sein. Wenn nicht: »Schanne wert! Schanne wert!«, wie er immer vor sich hin murmelte.

Während Heini Holtenbeen noch über den Markt humpelte, war der Herr »Kommerschenrat«, den hohen Zylinder trotz der sommerlichen Hitze auf dem Kopf, in der Böttcherstraße verschwunden, nachdem er dem freundlich grüßenden Heini Holtenbeen eine noch nicht angerauchte Zigarre in die Hand gedrückt hatte.

Die Böttcherstraße war nicht gerade die Welt des Herrn »Kommerschenrat«. Doch sie führte ihn auf dem schnellsten Wege von der Börse in sein Comptoir

»Sie sind doch Herr Roselius! Meine Tante bittet Sie, eine Tasse Kaffee mit uns zu trinken.«

in der Martinistraße, wo wichtige Depeschen auf ihn warteten, die schnell beantwortet werden mussten.

Der Herr »Kommerschenrat« war der Kaffeekaufmann Ludwig Roselius.

Roselius hatte das letzte Drittel der Böttcherstraße erreicht, als hinter ihm die Klingel des Hauses Nr. 6 ertönte. Er nahm es kaum wahr. Doch das leise Zupfen an seinem Ärmel konnte er nicht ignorieren.

Neben ihm stand eine Frau aus der Biedermeierzeit. Sie hatte graues Haar und ein liebes Gesicht. Sie sagte: »Sie sind doch der Herr Roselius!«

Er nickte, und sie fuhr fort: »Meine Tante bittet Sie, eine Tasse Kaffee mit uns zu trinken.«

Roselius versuchte sie abzuschütteln. Er sagte: »Aber liebe Frau, wir sind uns ja ganz fremd. Außerdem habe ich es sehr eilig. Ich muss ins Geschäft.«

Aber so einfach war das nicht dem Abschütteln.

Sie ließ nicht locker. Sie sagte: »Wir warten jetzt schon seit zehn Tagen. Zehnmal haben wir Kaffee gekocht und Kuchen gebacken. Wir haben auch schon auf ihren seligen Herrn Papa gewartet und nicht den Mut gefunden, ihn anzusprechen. Jetzt können wir nicht mehr warten.«

Ein flehender Blick machte den Kaufmann stutzig, und ob er wollte oder nicht, er folgte der Biedermeierdame ins Haus.

Wieder ertönte die helle Klingel. Die schwere Tür fiel hinter den beiden zu. Roselius stand in einer Bremer Halle, »befangen«, wie er einmal schrieb, »von dem Erlebnis, dem Zauber des Alten, das um mich war, den Sonnenstrahlen, die schräg durch das hohe

Fenster zitterten, und musterte erstaunt den sonderbaren Hausrats.«

Eine Tür öffnete sich. Eine Frau in Schwarz mit etwas Bunt trat auf den Herrn Roselius zu.

Noch mehr Biedermeier. Schlicht gescheiteltes blauschwarzes Haar, rote Bäckchen, blendend weiße Zähne.

Sie sagte: »Ach, mein lieber Herr, da haben wir Sie ja endlich bei uns. Meine Nichte hat es diesmal gut gemacht.«

»Ihre Nichte?«, fragte Roselius.

Die beiden Frauen lachten. Die ältere erklärte: »Ich bin schon weit über 70. Meine Nichte ist noch nicht sechzig.«

Die beiden schauten den für sie jungen Kaufmann fröhlich an und nötigten ihn ins alte Sofa.

Es gab Kaffee aus kostbaren Tassen und in einer großen Schale lag Butterkuchen bereit.

Die Londoner Kurse hatten für Ludwig Roselius in diesem Augenblick keine Bedeutung mehr. Die Depeschen konnten warten.

Er schrieb später: »Ich war der Kaufmann aus Tausendundeiner Nacht, den eine Fee dem Bereich des Alltags entführt hatte.«

Als die dritte Tasse Kaffee eingeschenkt wurde, sagte die Biedermeierdame, die Fräulein Pennmeyer hieß: »Unseren Vater haben Sie wohl noch gekannt. Er hat hier vor dem Hause immer seine Fässer zurechtgemacht. Einmal waren es so viele, dass niemand durch die Straße konnte. Die Straße ist ja man schmal, aber unser altes Haus ist doch so wunderschön.«

»Ja«, meinte die Nichte, die ebenfalls Fräulein Pennmeyer hieß, »und jetzt will der Eisenfinke das Haus kaufen und so alte hässliche Stangen hineinstellen, wie in dem Hause nebenan.«

Energisch fügte sie hinzu: »Er soll es aber nicht haben. Das Haus müssen Sie kaufen und es hübsch wieder in Ordnung bringen, wie das in der Martinistraße.«

Das war ein Überfall. Roselius musste lachen.

»Aber liebe Damen, ich kann beim besten Willen nicht kaufen. Ich bin darauf angewiesen, flüssige Gelder zu haben. Aber sagen Sie mir um Gottes willen, warum wollen Sie das schöne Haus verkaufen. Sind Sie in Sorgen, kann ich Ihnen helfen?«

Die beiden Damen gerieten in Verlegenheit. Dann ergriff die ältere, die Tante, das Wort. Sie sagte: »Wir wohnen ja so dicht bei den Bremer Nachrichten, und das wird uns auf die Dauer ein büschen zu viel.«

Roselius verstand kein Wort. Er meinte: »Na, Sie wohnen von der Schlachtpforte aber doch zu weit ab, als dass Sie gestört werden könnten.«

»Nein, das ist es auch gar nicht. Aber die Zeitungsfrau kommt morgens schon gleich nach sechs zu uns, und ich werde nun schon älter, und meiner Nichte fällt es auch man schwer, immer so früh aufzustehen, um für die Zeitungsfrau den Kaffee zu kochen.«

»Wieso einen Kaffee?«, fragte Roselius.

»Ja, 'ne Tasse Kaffee muss se doch wohl haben. Sie kriegt ja so früh zu Hause noch gar keinen und kann doch nicht den ganzen Morgen mit'n leeren Magen rumlaufen.«

»Da haben Sie wohl recht«, meinte Roselius.

Sie aber fuhr fort: »Und dann Freimarkt, da kommt doch immer die Familie Katz zu uns. Als nämlich damals, 1890, im Bürgerpark die große Ausstellung gewesen ist, konnten Katzens gar kein Unterkommen in der Stadt finden. Dann kamen sie durch die Böttcherstraße, haben unser großes Haus gesehen und fragten, ob sie wohl bleiben könnten, und jetzt sind sie jedes Jahr bei uns zu Besuch, wenn Freimarkt ist. Wir können das doch nicht von uns abändern, und dann, wissen Sie, möchte ich doch so gern schöne Blumen sehen, wenn der Mai gekommen ist. Hier sind nur Steine, und die Häuser stehen so eng beieinander. Blumen wachsen da nicht.«

»So hab' ich denn«, formulierte Ludwig Roselius in seiner Rückschau, »das Haus Böttcherstraße 6 kaufen müssen.«

Die Böttcherstraße – vorher

Vornehm war sie ja nicht, die Böttcherstraße. Nee, sie wirkte hier und da ein bisschen heruntergekommen. Sie war eng und dunkel.

Zum Markt hin stand ein hohes spitzgiebeliges Haus mit einer Sandsteinfassade. Von außen machte es einen gruseligen Eindruck. Die Fensterklappen hingen schief. Unten, die großen Fenster, waren mit Brettern vernagelt.

Ein Bäcker hatte dort gewohnt und gearbeitet, und die Kinder erzählten, er sei ausgezogen, weil er das nächtliche Gepolter der Fensterklappen nicht ertragen konnte. Der fürchtete sich wohl, so vermuteten sie, vor den Gespenstern.

An der anderen Ecke der Straße stand eine Bierhalle, wo besonders zur Freimarktzeit kräftig getrunken wurde. Zum Tanzen ging man nach oben auf den »Arvenbön«, auf den Erbsenboden, wo sich alle einfanden, Marktbezieher, Dienstleute, Handwerkergesellen und natürlich die Mädchen.

Es begann mit fröhlicher Musik, mit ebenso fröhlichem Tanz und endete meistens mit einer Schlägerei.

Es standen aber auch schmucke Giebelhäuser in der Böttcherstraße, fein angestrichen und mit blinkenden Scheiben.

In dem Ergänzungsband des Großen Bremer Lexikons zeigt Herbert Schwarzwälder zwei Bilder in Gouachefarben. Auf diesen sind – alle gut in Schuss

– das Roseliushaus, das Packhaus Finke und eine Reihe kleinerer Häuser zu sehen.

Das deckt sich mit den Erzählungen eines Herrn, den ich in den 50er Jahren des 20. Jahrhunderts kennengelernt hatte. Er legte Wert auf die Tatsache, dass er in der Böttcherstraße geboren worden sei, damals, als sie noch lange nicht die heutige Böttcherstraße war. Wer legt schon Wert darauf, dass er in einem Nachtjackenviertel geboren worden ist. Darüber spricht man nicht.

Der Name

Die Böttcherstraße trug noch im 19. Jahrhundert den Namen Bötticherstraße. Das »i« blieb irgendwann auf der Strecke. Böttcher, die auch als Weinküfer, Kübler, Schäffler und Fassbinder bekannt waren, hatten überall in Deutschland einen guten Ruf.

In München heißen sie Schäffler. Sie spielen – besonders für Fremde – eine wichtige Rolle, grad so, wie die Böttcherstraße in Bremen.

Die Schäffler schauen vom Rathausturm auf den Marienplatz und drehen sich zweimal täglich zum Glockenspiel. Alle sieben Jahre, vom 6. Januar bis Faschingsdienstag, »steigen die Tänzer vom Rathausturm herab«, um leibhaftig auf den Straßen und Plätzen der Stadt den Münchner Schäfflertanz aufzuführen.

Dieser Tanz geht auf die Pest im Jahre 1517 zurück, die so schrecklich war, dass sich kein Mensch mehr auf die Straße wagte. Es waren Schäffler, die schließlich mit einem fröhlichen Tanz durch die Straßen die Münchner aus dem Jammertal herausholten. Daran wird alle sieben Jahre erinnert.

Wie die Schäffler aus München, so gehörten auch die Böttcher aus Bremen zu den allzeit positiv denkenden Bürgern der Stadt.

»Ich bin der Böttcher, binde das Fass,
Wohl wird mir von außen die Stirne oft nass.
Doch hurtig und munter die Reifen herum
Und dann mit dem Hammer gewandelt rundumrundum.«

Der Name Böttcher leitet sich ab vom Bottich. Das ist ein großes hölzernes Daubengefäß von zumeist zylindrischer Form, das früher zum Waschen der Wäsche benutzt, aber auch im Brauereigewerbe benötigt wurde.

Zu Karls des Großen Zeiten, um 800 herum, war das Ansehen der Böttcher so groß, dass sie zu den Künstlern zählten.

Die Zunft der Böttcher war in Bremen eines der bedeutendsten Gewerbe. Denn was heute der Container ist, das war früher die Tonne, in die alles hineingestopft wurde, was den Weg übers Wasser antreten musste, vom Bier bis zur Butter, vom Hering über den Stockfisch bis zum Teer, vom Salz bis zum Buch.

Die Tonne ließ sich, wie heute der Container, am besten stapeln und im Schiff verladen. Außerdem war alles, was sich darin befand, vor Feuchtigkeit geschützt. Wie gesagt, die Böttcher galten als Künstler.

Die Tonne aber diente nicht nur der Beförderung von Waren. Sie gab den Seeleuten auch sicheres Geleit in der Weser und zeigte ihnen den Weg aufs Meer beziehungsweise in die Heimat. In alten Dokumenten aus dem Jahre 1425 heißt es, dass die Wesertonnen seit Menschengedenken an ihren Orten in der Wesermündung gelegen hätten.

Es gibt also gute Gründe, dass sich die Böttcher dort niederließen, wo sie dem Hafen am nächsten waren.

In Bremen errichteten sie ihre Buden und ihre Helgen für die Tonnen in der Nähe der Balge, die ein schiffbarer Weserarm war.

Helgen oder Helling nannte man in alten Zeiten das Grundholz, das als Unterlage für den Bau von Schiffen oder Tonnen diente.

So mag denn wohl auch der ursprüngliche Name der Straße, Helling- oder Hellinckstraat, von den Helgen der Böttcher abgeleitet worden sein.

Vermutlich trug die Straße noch im 15. Jahrhundert den Namen Hellingstraat. Später wurde sie in Bodekerstraat umbenannt. Daraus wurde über den kleinen Umweg der Bötticherstraße im 19. Jahrhundert die Böttcherstraße.

Bis zum Ende des 19. Jahrhunderts gab es noch einen Böttcher in der Böttcherstraße. Es war der Meister Pennmeyer, der die Tonnen vor seinem Haus ausbrannte. Unter jedem Holzgefäß war ein Feuerchen. Damit aber das Gefäß nicht selbst in Brand geriet, musste es von außen mit einem nassen Feudel angeklatscht werden.

Wenn Kinder in der Nähe waren, wurden sie für diese Arbeit verpflichtet. Dafür bekamen sie einen

Groten, den sie später zu Wichlein hinterm Schütting trugen. Wichlein handelte unter anderem mit Babbeler, was eine bremische Zuckerstangenspezialität ist, die auch gegen Husten gut sein soll.

Während ihrer Arbeit sangen die Kinder das Lied:

Dat Tunnenmakerwiev,
dat Tunnenmakerwiev
hett all den suern Kohl int Liev.

Das passte aber der Tochter des Meisters Pennmeyer nicht. Sie stürzte aus dem Haus und vertrieb die Gesellschaft. Diese Tochter hat später dem Herrn Roselius das Haus Nr. 6 verkauft.

Das 19. Jahrhundert geht zu Ende

Der Marktplatz mit der Börse lag ja nur einen Steinwurf von der Böttcherstraße entfernt.

So ist es auch zu verstehen, dass Heini Holtenbeen, Bremer Original, der eigentlich Heini Keberle hieß, in der Böttcherstraße ein und aus ging, wenn er nicht gerade in seinem schlichten Zimmer im Schnoor oder auf der Börsentreppe zu finden war.

Der junge Heini, der ein munterer Knabe war, kam 1852 in die Lehre zu dem Tabakküpermeister Hermann Hinrich Trost in der Firma Friedrich Leo Quentell. Es wird erzählt, dass Heini während seiner Lehrzeit aus einer Bodenluke fiel. Er behielt ein lahmes Bein zurück, und fortan stimmte es auch nicht mehr so recht in seinem Kopf. Die Küperlehre musste er an den Nagel hängen.

Mit einem klapprigen Handwagen zog er in der Folgezeit kreuz und quer durch Bremen, bezeichnete sich als Dienstmann und »machte Besorgungen« für alle, die etwas zu besorgen hatten.

In späteren Jahren, als es mit den Besorgungen für ihn zu viel geworden war, verlegte er sein Jagdrevier auf die Börsentreppe.

In der Börse nämlich war das Rauchen streng verboten. Diese Tatsache machte Heinis Position einträglich. Jeden Mittag wartete er, gekleidet in seinen formlosen Paletot, eine steife Melone auf dem Kopf und den Stock in der Hand, neben der Zigarrenablage an der Tür zur Börse.

Die Zigarrenablage war für die Kaufleute gedacht, die zur Mittagszeit in die Börse eilten, wohin sie ihre Zigarren nicht mitnehmen durften. Heini nahm sich das Recht, die abgelegten Zigarren weiterzurauchen oder sie für später einzustecken. Auch soll er mit den »Stummels« einen schwungvollen Handel getrieben haben.

Es gab Kaufleute, die sich extra noch kurz vor Börsenbeginn eine Zigarre anzündeten, damit Heini eine Freude hatte, denn er grüßte immer sehr freundlich und benahm sich an seinem Arbeitsplatz entsprechend »vornehm«.

Gebettelt hat Heini Holtenbeen nie. Gelegentlich pumpte er die Kaufleute mit den Worten an: »Kannst mir nich'n halben Groschen leh'n. Ik schrief dat in min Hauptbook in.«

Zu seinen immer wiederkehrenden Redensarten gehörten: »Teindusend Särge swommen de Werser entlang, und keen Minsch will starben«. Oder: »Wenn de Welt unnergeit, fahr ich no Hannover. Dor hev ik Verwandte.«

Heini Holtenbeen, von dem es heißt, dass er in jüngeren Jahren unweit der Böttcherstraße in der Martinistraße gewohnt habe, grüßte auf dem Weg durch die Straße auch den Herrn Vogelsang aus dem Hause Böttcherstraße Nr. 7.

Der Schuhmacher Vogelsang kannte sie alle, die Herren Kaufleute, die mittags in die Börse gingen, um dort ihre Geschäfte zu machen. Natürlich kannte er auch Heini Holtenbeen.

Vogelsang stand vor seinem Hause und guckte in den Himmel, der wieder mal grau war. Aber – was machte das schon. Er sah den Himmel hier in der schmalen Böttcherstraße kaum und in seiner Schuhmacherwerkstatt sowieso nicht.

Die Witwe Buschmann schlurfte vorüber.

»Na, Vogelsang?«, sagte sie und war schon vorbei.

Sie hat's immer eilig, dachte Vogelsang.

Zwei kleine Mädchen sangen beim Tauspringen:

»Gesche Docken
Danzt up Socken,
Halt for'n halben Snuwtobak
For de olen Wieber
Up'r langen Tieber.
Teine, twintig, dartig ...«

Na, nun würden sie bis hundert zählen, dachte Vogelsang. Ihm fielen die beiden Kartenlegerinnen und Wahrsagerinnen ein, die auf der Tiefer gewohnt hatten und wegen ihrer großen schwarzen Katzen stadtbekannt gewesen waren. Auf sie war dieses Kinderlied gemünzt.

Einmal wäre Herr Vogelsang beinahe zu einer Kartenlegerin gegangen, weil er doch gar zu neugierig auf seine Zukunft gewesen war. Aber dann hatte er sich gedacht, dass ein Schuhmacher eben die Zukunft eines Schuhmachers habe. Da konnten auch die Karten nichts Großes voraussagen. Schon gar nicht, wenn es sich um einen Schuhmacher aus der Böttcherstraße handelte. Da hatte Herr Vogelsang das Geld für die Kartenlegerin gespart.

Es war ein Tag wie jeder andere in der Böttcherstraße. Herr Lemmermann, Herr Schottler, Herr Lohmann und Herr Tietjen waren – wie üblich – nicht zu Hause. Sie waren Arbeitsmänner, die irgendwo in der Stadt das Geld für ihren Lebensunterhalt verdienten.

Aus dem Packhaus von Meyer tönte Lärm. Einer der dort beschäftigten Arbeiter fluchte gottserbärmlich.

Aus dem Osterloh'schen Haus roch es nach geräucherten Heringen.

Mudder Osterloh betrieb eine Heringsräucherei, die in der ganzen Stadt bekannt war. Denn die Heringe von Mudder Osterloh waren die besten, und die Kinder mussten, wenn es zu Hause Pellkartoffeln und Hering gab, zu Mudder Osterloh, was ihnen gar nicht recht war. Mudder Osterloh, die schon alt war, wirkte trotz ihrer weißen Haube grantig und vergrellt.

Ihr Laden allerdings war immer propper anzusehen. Auf der Marmorplatte des Tresens lagen Pergament- und Zeitungspapier zum Einwickeln. In einer Ecke hatte Mudder Osterloh Torf exakt aufgestapelt. Hinten im Laden führte eine Treppe in die Räucherkammer. Vorn ging es ein paar Stufen hinauf in die Stube mit Plüschmöbeln, mit weißen Gardinen vor den Fenstern und mit Blumen.

Der Duft der Osterloh'schen Heringe vermischte sich mit dem nach frisch gebrautem Bier. Denn das Haus Nr. 15 war die Brauerei von Haake & Co.

Herr Vogelsang dachte: Man gut, dass Schröders ihren Mist nicht mehr fahren!

Der Misthaufen vor Schröders Tür war früher ein allgemeines Ärgernis gewesen.

Eben trat Herr Walter mit einem Farbtopf in der Hand auf die Straße. Herr Walter wohnte im Haus Nr. 8. Er war ein Maler. Kein Kunstmaler, ein Stubenmaler. Aber eine künstlerische Ader hatte er schon.

Herr Vogelsang ging sinnend ins Haus. Er kam mit seinen Gedanken nicht weg von der Kartenlegerin, die er – so dachte er – vielleicht doch hätte aufsuchen sollen.

»Gesche Docken / Danzt op Socken ...«, summte er still in sich hinein.

Das Haus Nr. 6

Das Roselius-Haus, das Haus Nr. 6, müssen Sie wissen, ist das älteste Haus in der Bremer Böttcherstraße.

Es ist nicht ganz genau bekannt, wann es erbaut worden ist. Nur ungefähr – nämlich um das Jahr 1350. Es war eine Zeit, da Bremen vor der wohl wichtigsten Entscheidung in seiner Geschichte stand. Es ging um die Mitgliedschaft im Städtebund der Hanse.

Im Jahre 1358 traten die Bremer der Hanse bei.

Die Böttcherstraße hatte in jenen Jahren schon eine »Vergangenheit«.

Sie war ein wichtiger Verbindungsweg von der Innenstadt zur Weser.

Das Haus Nr. 6 war damals ein schlichter Bau. Die Renaissance-Fassade stammt aus dem 16. Jahrhundert. Der Kaufherr Arende van Bobert und seine Frau Könicke, eine geborene Esich, hatten das Haus von Hans Weselow erworben und es dem Zeitgeschmack angepasst.

Arende van Bobert gehörte zu einer Familie, die 1498 von Boppart am Rhein nach Bremen gezogen war. Damals war Jacob Terborg aus Boppart als Münzmeister in Bremen angestellt worden. Der Name seiner Heimat ging auf ihn über.

Man nimmt an, dass dieser Jacob van Bobert ein paar sehr hübsche Töchter hatte. Sie alle jedenfalls machten gute Partien, während sein ältester Sohn Arnold es bis zum Ratsherrn in Bremen und zum Vater von 16 Kindern brachte.

Die Esichs waren in Bremen eine der einflussreichsten Familien. In der Langenstraße, gegenüber vom Weser-Kurier, steht noch heute das nach dieser Familie benannte Essighaus.

Es war eines der schönsten Renaissance-Häuser in Bremen. Im Zweiten Weltkrieg wurde es zerstört, danach wieder aufgebaut, wenn auch nicht mehr in dem alten Glanz. Im Essighaus, das heute als Bankhaus dient, befand sich jahrzehntelang ein von den Bremern sehr geschätztes Restaurant.

Das Roselius-Haus war also durch den Einzug der van Boberts ein Kaufmannshaus geworden. Das blieb es nahezu 200 Jahre. Danach wurde es an den Tonnenmacher Albert Stucke verkauft.

Hier noch einmal die Namen und Jahre, die Historiker zu den Besitzerwechseln von »Nr. 6« ermittelten.

Das Haus wurde 1442 von Hinrek de Went an Gerde und Meymborch Weseloghen verkauft. Im Jahre 1587 trennten sich die Weselows, wie sie sich inzwischen schrieben, von dem Haus. Die van Boberts zogen ein und blieben bis 1785.

Es folgte Albert Stuke, der Tonnenmacher, der das Haus 1812 an Johann Jürgen Pennmeyer verkaufte. Im Jahre 1902 erwarb es der Kaffeekaufmann Ludwig Roselius.

Der Bremer Wappenstein auf der Terrasse des Paula-Becker-Modersohn-Hauses war ein Geschenk von Roselius' Freund Rickmer Rickmers

Mudder Kalweit

An der Stelle des Hauses Atlantis stand – gleich neben Eisenfinke – im Jahre 1923 ein kleines, bescheidenes Haus, in dem Mudder Kalweit wohnte.

Mudder Kalweit, die mit einem schlagkräftigen Mundwerk ausgestattet war, galt in Bremen als Original, mit dem allerdings nicht gut Kirschen essen war.

Sie betrieb auf dem Markt einen Obststand, und wehe dem, der an der Güte der von ihr angebotenen Früchte zweifelte: Ein Schwall nicht wiederzugebender plattdeutscher Schimpfworte entfloh – wie eine Chronistin berichtete – »mit ungeahnter Schnelligkeit dem Gehege ihrer Zähne, und der arme Angepöbelte konnte nichts Besseres tun, als schleunigst mit hochrotem Kopf unter der Anteilnahme des gesamten Marktplatzes von der Bildfläche zu verschwinden«.

Man muss allerdings zu ihrer Ehre sagen, dass sie das beste Obst weit und breit hatte, wenn auch »die Ausstellungsstücke mit Spucke an ihrem meistens minder sauberen Jackenärmel blank gerieben wurden«.

In ihrem Haus in der Böttcherstraße beherbergte sie sechs Katzen und einen Mann, der allerdings nichts zu sagen hatte. Bei gutem Wetter saß er in Unterhosen vor dem Haus auf einem Stuhl – in Gesellschaft etlicher Bierflaschen, die er in Windeseile zu leeren verstand.

Eigene Kinder hatte Mudder Kalweit nicht, dafür aber eine nicht zu zählende Schar von Neffen und

Nichten, die in ihrem Hause ein und aus gingen. Einige der Nichten brachten ihre eigenen Kinder mit, was Mudder Kalweit nicht störte.

Im Allgemeinen allerdings zeigte sie sich sehr sittenstreng. Ein Gräuel waren ihr die Liebespaare, die an schönen Sommerabenden in der damals sehr einsamen Böttcherstraße schmusten.

Blieb ein Paar nachts vor ihrem Hause stehen, konnte es passieren, dass sich auf die Ahnungslosen der Inhalt einer »Mitternachtsvase« ergoss.

Mudder Kalweit duzte alle Leute – mit Ausnahme von Ludwig Roselius, mit dem sie gelegentlich ein Wort zu schnacken hatte. Sie kam dann ins Büro im Hause Nr. 6 und fragte im Vorzimmer: »Is he dor?«

Und wenn er da war, ging sie rein. So einfach war das damals.

»Een verrott Stück Holt!«

Die Prophezeiung des Vaters war niederschmetternd!

Ludwig Roselius, Jahrgang 1874, Sohn des Kaufmanns Dietrich Roselius, hatte 1890 in Bremen die Schule mit dem Einjährigenzeugnis beendet. Danach hatte er in Hannover in der Kolonialwarengroßhandlung von Ernst Grote eine dreijährige Lehre begonnen. Nach der Lehre und dem obligatorischen Militärdienst trat er in die 1892 gegründete Firma seines Vaters ein: Roselius & Co. Ludwig wurde Prokurist.

In dieser Zeit passierte es, dass der junge Handlungsgehilfe, wenn auch in gehobener Position, aus einem alten Bremer Haus eine Barocktür kaufte und sie in das Geschäftshaus der Firma Roselius & Co. einbauen ließ.

Der Vater war entsetzt.

Er fragte: »Segg mal, wi denkst du di dat woll?«

Daraufhin fragte der Sohn zurück: »Wieso?«

Erklärend fügte er hinzu: »Für die Barocktür bekommt der Mann eine neue Pitchpinetür.«

Dietrich Roselius war verzweifelt.

»Wat?«, fragte er. »Und de betahlst du ok noch? All's för so'n verrott Stück Holt?«

Prophezeiend meinte er: »Junge, ut di ward nie watt!«

Der alte Lehrherr von Ludwig Roselius war da anderer Ansicht. Als Roselius bei ihm in Hannover auf der Schwelle stand und um die Hand seiner Tochter

Anna anhielt, hatte Grote keine Bedenken. 1899 wurde geheiratet.

Aber so ganz ernst kann der alte Roselius seine Voraussage nicht gemeint haben.

Er machte seinen Sohn zum Teilhaber – allerdings in eigener Verantwortung.

In dieser Zeit gelang es ihm, seinen Vater davon zu überzeugen, dass sich die Firma ausschließlich auf den Import von Kaffee beschränken sollte. Es dauerte nicht lange, da nahmen Roselius & Co. einen guten Platz unter den deutschen Kaffee-Importeuren ein.

Zu einer Zäsur im Leben des Kaufmannes Ludwig Roselius kam es im Jahre 1902.

Sein Vater starb unerwartet an einem Gehirnschlag.

Die Familie konnte sich den Tod nicht erklären. Ludwig Roselius berichtete darüber im Jahre 1937 in einem Beitrag für eine Fachzeitschrift:

»Da er niemals krank gewesen war, ließ ich eine Obduktion vornehmen. Der Arzt gab als Todesursache an: ›Vorzeitige Zerstörung des Gefäßsystems durch Coffein‹. Dieses traurige Erlebnis gab mir den ersten Anlass, mich mit der Entcoffeinierung des Kaffees zu befassen.«

Das führte zur Erfindung des coffeinfreien Kaffees. Im Jahre 1906 gründete Roselius die Kaffee-Handels-AG (Kaffee HAG), die er im Holz- und Fabrikenhafen ansiedelte. Sein Fabrikgebäude, das der Bremer Architekt Hugo Wagner entworfen hatte, wurde zu einem Vorbild für die Industrie-Architektur jener Zeit in Deutschland.

Darüber hinaus machte sich Roselius mit seiner ungewöhnlichen Produktwerbung einen Namen – in Bremen übrigens zunächst keinen guten. Denn ein ordentlicher Bremer Kaufmann machte, wie es hieß, keine Reklame. Am Ende verlieh ihm die Universität Münster wegen seiner Verdienste »um eine wissenschaftlich begründete Propaganda« im Jahre 1922 die Würde eines Ehrendoktors.

In den 1920er Jahren galten das Denken und Streben des Industriellen Roselius der Böttcherstraße.

Nach der Nr. 6 hatte er im Laufe der Jahre die gesamte Straßenseite erworben. Die andere Seite gehörte der Stadt. Roselius hat sie später gepachtet.

Sein Ziel war es, mit der Böttcherstraße ein Denkmal niederdeutscher Kunst und Kultur zu schaffen, ein Kulturzentrum für ganz Deutschland. Gleichzeitig sollte die Straße mit dem Haus Atlantis (der untergegangene Erdteil Atlantis als Verbindung zwischen Europa und Amerika), mit den Bildtafeln der Ozeanbezwinger am Haus des Glockenspiels und mit dem Robinson-Crusoe-Haus eine Brücke nach Amerika sein. Kulturell und letztlich auch geschäftlich.

Wichtig war Roselius nämlich, dass die Böttcherstraße eine Stein gewordene Werbung für Kaffee HAG sein sollte. Nach dem heutigen Sprachgebrauch: Eine riesige PR-Idee!

Diesen Gedanken hat er dann zusammen mit den Architekten Bernhard Hoetger, Alfred Runge und Eduard Scotland konsequent umgesetzt.

In diesen Jahren schrieb ein Schulfreund, der Asienforscher Dr. W. Rickmer Rickmers, der zusammen mit Ludwig die Untersekunda »beglückt« hatte: »Ein Ahnen kommender Größe stieg in mir auf, als er einst auf dem Marktplatz zu Bremen einen fliegenden Spatzen mit dem Bummelstöckchen erlegte. So hat er nachher noch vieles getroffen mit Geschick und Glück.«

Geschick hat Roselius auch wohl bewiesen, als die Böttcherstraße während der nationalsozialistischen Herrschaft als Kulturschande gebrandmarkt wurde. Hitler selbst hatte auf dem Reichsparteitag in Nürnberg gegen die »Böttcherstraßen-Kultur« gewettert.

Roselius, der nicht nur an sich selbst, sondern auch an seine Firma denken musste, versuchte in Briefen und Taten, das Schlimmste zu verhindern.

So schmückte seit September 1936 Bernhard Hoetgers »Lichtbringer« aus den 20er Jahren »als Sieg unseres Führers über die Mächte der Finsternis« den Eingang der Böttcherstraße.

Eine kleine Entwarnung kam aus Berlin. Am 21. Oktober 1936 schrieb Hauptmann a. D. Wiedemann, Adjutant des Führers und Kanzlers des Deutschen Reiches, an den Herrn Generalkonsul Roselius:

»Den Inhalt Ihrer verschiedenen Schreiben habe ich, wie ich Ihnen schon fernmündlich sagte, dem Führer vorgetragen.

Zunächst darf ich feststellen, dass der Führer sich sofort dahin äußerte, dass sein Urteil in Nürnberg über die Böttcherstraße auf keinen Fall irgendeine persönliche Spitze gegen Sie, hochverehrter Herr Generalkonsul, haben sollte. Der Führer wollte damit lediglich eine Kunstrichtung kennzeichnen, die seiner Auffassung von Kunst vollkommen fernsteht.

Ihren Vorschlag, die Böttcherstraße umzubauen, würdigt der Führer als ein begrüßenswertes Bestreben, einen Irrtum einzugestehen und nach Möglichkeit wieder gutzumachen. Bei näherem Durchdenken dieser Möglichkeit kam der Führer jedoch zu dem Ergebnis, dass dann die ganze Böttcherstraße von Grund auf umgestaltet werden müsste. Dazu eignen sich weder der vorhandene Platz noch die sonstigen, von Anfang an gegebenen Umstände. Der Führer ist deshalb dafür, die Straße ruhig in ihrem jetzigen Zustande zu lassen. Er würde es für zweckmäßig halten, wenn Sie sich selbst persönlich von der in der Böttcherstraße vertretenen Kunstrichtung distanzierten. Dann kann die Straße ruhig stehen bleiben als Zeichen eines wohl ehrlichen Versuches, aber einer Kunstrichtung, die auf die Dauer einem geläuterten deutschen Geschmack nicht genügen kann.

Ich bin mit deutschem Gruß

Ihr sehr ergebener Wiedemann, Adjutant des Führers«

Schließlich sorgte Albert Speer dafür, dass die Straße als Beispiel für »entartete Kunst« bestehen blieb.

Sie wurde unter Denkmalschutz gestellt.

Die schweren Zerstörungen in der Böttcherstraße während des Zweiten Weltkrieges hat Ludwig Roselius nicht mehr erlebt. Er ist im Mai 1943 in Berlin gestorben.

Am Ende des Krieges stand von der Böttcherstraße so gut wie nichts mehr. Vom Roselius-Haus gab es nur noch die Einfassungssteine der großen Tür. Geblieben waren vom Atlantis-Haus das Glasdach, die Hoetger-Treppe und der Himmelssaal.

Die Böttcherstraße wurde im Jahre 1954 von seinen Kindern Ludwig und Hildegard und einigen seiner alten Mitarbeiter und Freunde mit Mitteln der Kaffee HAG wieder aufgebaut.

Zeitweise – Ende des 20. Jahrhunderts – sah es so aus, als sollte die Böttcherstraße Stück für Stück in fremde Hände übergehen.

Inzwischen wurde sie – mit Ausnahme des Hauses Atlantis, das bereits verkauft worden war – von der Sparkasse in Bremen erworben, von Grund auf restauriert, der Stiftung Sparer Dank zugeordnet und damit für Bremen gerettet. Die Sammlungen der Böttcherstraße gehören der öffentlichen Hand.

Tischgebet

Es ist überliefert, dass der Name Ludwig Roselius in den 1920er Jahren in Bremen immer wieder genannt wurde. Er war ein erfolgreicher Kaufmann, vertrat Bulgarien als Generalkonsul in Bremen, plante den Bau der Böttcherstraße und kümmerte sich – als Mäzen – um vielerlei Dinge.

Nicht alle in der Bremer Gesellschaft fanden das in Ordnung. Roselius war ihnen zu umtriebig. In vielen Familien aber wurde der Name des Konsuls Roselius mit Hochachtung genannt.

So konnte es passieren, dass in einer sehr guten Bremer Familie, in der noch bei Tisch gebetet wurde, der kleine Sohn, zum ersten Male aufgefordert, das Gebet zu sprechen, statt des gewohnten »Komm, Herr Jesus, sei unser Gast …« betete: »Konsul Roselius, sei unser Gast …«.

Der Sieg des Guten

Ein etwas älterer Herr stand – hinter dem Schütting – am Eingang der Böttcherstraße inmitten einer Gruppe von Mädchen und Jungen.

Vielleicht war er der Lehrer, vielleicht auch ein Fremdenführer.

Er versuchte, den jungen Leuten die Gestalt des Lichtbringers von Bernhard Hoetger über dem Eingang der Straße zu erläutern.

Der Herr sah gutmütig aus, was er wohl auch sein musste in Anbetracht der Tatsache, dass er ziemlich verloren in der Gruppe der Halbwüchsigen stand.

Vor allem die Jungs hatten nur Unsinn im Kopf.

Der gutmütige Herr deutete hinauf zu dem goldenen Hoetger-Relief und fragte: »Weiß jemand von euch, wer das ist?«

Und weil er mit einer Antwort wohl gar nicht erst rechnete, redete er weiter und belehrte die jungen Damen und Herren: »Das ist Michael, der Lichtbringer!«

Er merkte, dass kaum einer der Anwesenden mit dieser Information etwas anfangen konnte.

Einige guckten verständnislos, die anderen hatten gar nicht zugehört.

Daraufhin beschloss der gutmütige Herr, wenigstens den im Geiste des christlichen Glaubens erzogenen Angehörigen der Gruppe etwas fürs Leben mitzugeben.

Er sagte, Michael sei ein Erzengel, wenn ihr wisst, was das ist. Er ist Führer und Bannerträger der himmlischen Heerscharen. Im Übrigen sei er auch der Bekämpfer des Teufels und – wie man an diesem Relief erkennen könne – des Höllendrachens.

Er fügte hinzu; »Was wir hier sehen, symbolisiert den Sieg des Guten über das Böse!«

Und weil ihm nun endlich der Geduldsfaden riss angesichts der unaufmerksam und flatterhaft sich mit anderen Dingen vergnügenden jungen Leute, polterte er los: »Nun haltet doch endlich mal den Babbel und hört mir einen Augenblick zu.«

Das wirkte.

Der auf der Stelle wieder in seine Gutmütigkeit zurückfallende Herr erinnerte seine Zuhörer an die Kriminalgeschichten im Fernsehen, von denen er vermutete, dass sie noch am ehesten die Basis für ein gemeinsames und allen verständliches Gespräch ergeben könnten.

In diesen Krimis, so erläuterte er den Tatbestand, siege ja stets das Gute in Gestalt eines Kriminalkommissars, wenngleich Kriminalkommissare im Allgemeinen nicht so ausnehmend schön seien wie der Lichtbringer am Eingang der Böttcherstraße.

Doch die Bösewichter in den Krimis erhielten – wie der Höllendrache – am Ende die verdiente Quittung.

»Das ist immer so im Leben«, sagte freundlich mahnend der Herr mit dem gutmütigen Blick.

Seine Zuhörer beiderlei Geschlechts nahmen das ohne sichtbare Begeisterung zur Kenntnis, und einen langen Bengel hinderte das nicht daran, der einzigen tatsächlich interessierten Zuhörerin einen Kaugummi in den Nacken zu kleben.

Das Paula-Becker-Modersohn-Haus

Dieses ist das Paula-Becker-Modersohn-Haus
Aus alter Häuser Fall und Umbau
Errichtet von Bernhard Hoetgers Hand
Zum Zeichen edler Fraue zeugend Werk
Das siegend steht, wenn tapferer Männer
Heldenruhm verweht.

Das Paula-Becker-Modersohn-Haus wurde am 2. Juli 1927 in der Böttcherstraße eröffnet.

Ludwig Roselius hielt aus diesem Anlass eine Rede, die zugleich ein bisschen auch eine Abrechnung war.

Er sagte unter anderem:

»Die Geschichte Bremens lehrt, dass ruhige Zeiten des Friedens und des guten Handels die Gefahr der geistigen Verflachung mit sich bringen.

Unsere Väter und zum Teil auch noch wir selbst haben, um nur ein Beispiel anzuführen, während der Wilhelminischen Periode an guter Architektur und Kunst Erhebliches vernichtet und durch Geschmackloses ersetzt.

Die Reaktion konnte nicht ausbleiben.

Die Anfänge einer geistigen Revolution Bremens machten sich vor dem Weltkriege in den neunziger Jahren bemerkbar.

Das Kaiserreich hatte den geistigen Gerichtshof für das Schaffen des Einzelnen über Bremens Grenze hinaus erweitert.

München, Darmstadt, Berlin und andere Städte zollten der Gruppe Bremer Künstler in Worpswede hohe Anerkennung, als noch das Gros der ehrenwerten Bremer Kaufleute – ja, Groß-Kaufleute sonntags in die Kunsthalle zog, um die Freilichtmalerei mit offenem Gelächter ihren Freunden als besonderen Jux vorzuführen.

Und die Klugen von damals, welche Verständnis für Vogeler, Mackensen, Modersohn, Overbeck und Vinnen predigten, wiesen entrüstet als höchsten Dilettantismus die Bilder von Paula Becker-Modersohn zurück.

So musste sie eigentlich zu uns kommen.

Nur so konnte sie unter uns leben – in ihrer Kunst abgelehnt, verkannt und verlacht von jedermann.

Vogeler und Hoetger, die ihre große siegreiche Kraft erkannten, gelten auch heute nicht viel in Bremen. Der eine nicht, weil er neue Wege der Kunst führt. Der andere nicht, weil seinem Pinsel für Biedermeierromantik keine Farbe mehr entfloss und er auszog, um für Menschenrechte zu kämpfen.

Da war noch Rainer Maria Rilke.

Die Paula hatte also drei Jünger. Die Familie zähle ich nicht, und die anderen kamen erst nach ihrem Tode und dem Erscheinen der Tagebuchblätter in der ›Güldenkammer‹, der Reklamezeitschrift der ›Kaffee HAG‹.

Wenn man vom Marktplatz kommt, links am Schütting vorbei, steht das Paula-Becker-Modersohn-Haus gleich linker Hand.

Architekt war Bernhard Hoetger, Bildhauer und Baukünstler gleichermaßen.

In dem Haus wird ein erheblicher Teil des Werkes der Künstlerin gezeigt.

Paula Modersohn-Becker, wie sie korrekt nach ihrer Heirat mit dem Maler Otto Modersohn hieß, wurde am 8. Februar 1876 in Dresden als Tochter eines Eisenbahningenieurs geboren. 1888 übersiedelte die Familie nach Bremen, wo sie eine Wohnung in der Schwachhauser Chaussee 29 bezog. Die Straße heißt heute Schwachhauser Heerstraße.

Schon sehr früh interessierte sich Paula Becker für künstlerisches Schaffen, was aber von den Eltern unterdrückt wurde. Paula musste sich zur Lehrerin ausbilden lassen, nahm aber während eines Aufenthalts in England heimlich Malunterricht.

Nach ihrer Rückkehr aus England nahm sie Malstunden bei dem Bremer Maler Bernhard Wiegandt (1851–1918), der den Worpswedern aufgeschlossen gegenüberstand und zu den Entdeckern des Künstlerdorfes Fischerhude gehört.

Nachdem Paula Becker im Jahre 1895 das Lehrerinnen-Examen mit »gut« bestanden hatte, ging sie nach Berlin. Dort nahm sie im »Verein der Berliner Künstlerinnen« Zeichen- und Malunterricht.

Ihre erste Begegnung mit den Worpswedern hatte sie im selben Jahre auf einer Ausstellung in Bremen. Es dauerte zwei Jahre, ehe sie einige der Worpsweder Maler persönlich kennenlernte. 1897 wurde sie Schülerin von Fritz Mackensen, der Worpswede für sich und seine Kollegen entdeckt hatte.

Eine erste kleine Ausstellung wagte sie 1899 in Bremen. Ihre Arbeiten wurden von dem damals als Kunstkritiker, Maler und Dichter in Bremen hoch angesehenen Arthur Fitger wütend abgelehnt.

Paula Becker ließ sich weder durch ihre Eltern noch durch Fitger beirren. Besuche in Paris, wo sie unter anderem das Werk Paul Cézannes studierte, bestärkten sie in ihrem Glauben an sich selbst.

In dieser Zeit entwickelte sich eine Freundschaft zu dem Maler Otto Modersohn. Die beiden verlobten sich, und Paula musste – auf Drängen ihrer Mutter – einen Kochkursus in Berlin belegen.

Im Mai 1901 haben Paula Becker und Otto Modersohn geheiratet.

Die Ehe wurde nach kurzem Glück überschattet von der künstlerischen Aufgabe, die sich Paula Modersohn-Becker gestellt hatte. Die junge Frau reiste nach Paris. Sie war entschlossen, sich als freischaffende Künstlerin in der französischen Hauptstadt niederzulassen. Bernhard Hoetger soll abgeraten und sie bewogen haben, nach Worpswede zurückzukehren.

Am 1. November 1907 wurde die Tochter Mathilde geboren. Paula konnte sich nur schwer von der Geburt erholen.

Am 20. November war sie aufgestanden, hatte es sich im Wohnzimmer bequem gemacht und ließ sich das Kind bringen. Als sie es in ihren Armen hielt, soll sie gesagt haben: »Schade«. Es war ihr letztes Wort. Sie starb an einer Embolie.

Ein Blick zurück an den Anfang dieses Kapitels:

Der Spruch am Paula-Becker-Modersohn-Haus irritierte die braunen Machthaber.

Sie meinten, es könne doch wohl nicht sein, dass das Werk einer Frau siegend stehe, wenn tapferer Männer Heldenruhm bereits verweht sei.

Ludwig Roselius, der während der nationalsozialistischen Zeit stets um sein Werk bangen musste, fand sich zu einem Kompromiss bereit. Er ließ die »anstößige« Stelle ändern: »... Zum Zeichen edler Fraue zeugend Werk, / Das siegend steht, / b i s tapferer Männer Heldenruhm verweht.«

So verwehten das Werk der Paula Modersohn-Becker und die Heldentaten tapferer Männer gemeinsam, und die Nationalsozialisten waren einstweilen zufrieden.

Als nach dem Zweiten Weltkrieg das Paula-Becker-Modersohn-Haus wieder aufgebaut wurde und auch der Spruch seinen alten Platz bekam, hatte man die damals unter dem Druck der politischen Kräfte vorgenommenen Veränderungen vergessen.

Es blieb beim »bis«.

Erst der Weser-Kurier machte die Verwaltung der Böttcherstraße ein paar Jahre später auf den »Fehltritt« aufmerksam. Danach erhielt der Spruch seine alte Bedeutung zurück.

Die Frage, ob Paula Becker-Modersohn in Wirklichkeit Paula Modersohn-Becker heißt, sollte so eigentlich gar nicht gestellt werden. Es ist auch müßig.

Wenn es um »ihre berühmte Malerin« geht, sprechen die Bremer sowieso nur von Paula. Bei dem Hin und Her um ihren Nachnamen ist das auch vernünftig.

Das Namensrecht besagt nämlich, dass sie, die ursprünglich Paula Becker hieß, nach ihrer Eheschließung mit Otto Modersohn als Paula Modersohn in die Akten des Standesamtes kam.

Der besseren Unterscheidung wegen nannte sie sich Paula Modersohn-Becker.

Ob sie sich ausschließlich so nannte, wissen wir nicht genau. Es kann sein, dass sie sich mal Modersohn-Becker und dann wieder Becker-Modersohn nannte. Vielleicht nahm sie solche Dinge nicht so ernst.

Ludwig Roselius, der die Welt gern nach seinem Bilde formte, vertrat den Standpunkt, dass Paula Becker die Höhepunkte ihres Schaffens in einer Zeit gehabt hatte, da sie noch Paula Becker hieß. Insofern – meinte Roselius – gebühre dem Becker der Vortritt. Er nannte das ihr gewidmete Haus in der Böttcherstraße »Paula-Becker-Modersohn-Haus«.

Unsere Zeit, die es im Allgemeinen mit den Namen nicht mehr so genau nimmt, geht allerdings davon aus: Wenn eine Paula Becker einen Otto Modersohn geheiratet hat, dann heißt sie, wenn nicht irgendwelche anderen Abmachungen getroffen worden sind, Paula Modersohn-Becker.

Das Problem ist, dass darauf in einer Sammlung mit Werken der Künstlerin Rücksicht genommen werden sollte.

In Bremen ist man zu einem salomonischen Urteil gekommen:

Die Ansicht des Ludwig Roselius wird respektiert. Der Name des Hauses bleibt unangetastet. Das Museum allerdings wechselt seinen Namen.

So haben wir in der Böttcherstraße zu Bremen ein Paula Modersohn-Becker Museum in dem Paula -Becker-Modersohn-Haus.

So, und jetzt brauche ich erst einmal eine anständige Tasse Kaffee.

Die Bremer Stadtmusikanten

Es ist Tradition in der Bremer Böttcherstraße, dass des Lebens Ernst häufig mit einem Augenzwinkern bedacht wird. Und wenn es um einen handfesten Scherz geht, sind die Leute aus der Böttcherstraße dabei.

Nun stellen Sie sich mal vor: Bei den von der Sparkasse in Bremen in Auftrag gegebenen notwendigen Restaurierungsarbeiten Anfang der 90er Jahre des 20. Jahrhunderts wurde bewiesen, dass die Bremer Stadtmusikanten im Gegensatz zu der im Märchen aufgestellten Behauptung tatsächlich nach Bremen gekommen sind.

Sie sind – kurz vor Erreichen des Rathauses – in der Böttcherstraße hängen geblieben.

Geahnt hatten sie es alle schon, die mit der Böttcherstraße irgendwie zu tun hatten. Wer mit offenen Augen durch die Straße geht, trifft sie immer wieder – die Bremer Stadtmusikanten: Am Treppenaufgang im Haus St. Petrus, auf dem Brunnen im Handwerkerhof und hier und da in den Läden, wo die Stadtmusikanten in vielerlei Form als Erinnerung an Bremen erworben werden können.

Aber nun mal ganz von vorn.

Es hatte ein Mann einen Esel, der schon lange Jahre die Säcke unverdrossen zur Mühle getragen hatte, dessen Kräfte aber nun zu Ende gingen.

Da dachte der Herr daran, ihn aus dem Futter zu schaffen. Aber der Esel merkte, dass kein guter Wind wehte, lief fort und machte sich auf den Weg nach Bremen. Dort, meinte er, könne er ja Stadtmusikant werden.

Es haben sich aber die Brüder Grimm in ihrem Märchen von den Bremer Stadtmusikanten recht ungenau ausgedrückt.

Wo sich die Mühle, für die der Esel jahrelang unverdrossen tätig war, befand und welchen Weg der Esel nahm, um Bremen zu erreichen, bleibt völlig unklar.

Doch diese Fragen konnten im Jahre 1965 mithilfe von Mitarbeitern der damals erschienenen und von Dr. Dietmar Nedde redigierten Werkzeitschrift der HAG Aktiengesellschaft Bremen, »haghefte«, geklärt werden. Das Rätsel um die Bremer Stadtmusikanten wurde damals – jedenfalls zum größten Teil – gelöst.

Die Geschichte der Stadtmusikanten beginnt in dem kleinen Dorf Gottsbüren im Reinhardswald.

Der Verdacht, dass die vier Stadtmusikanten von der Oberweser her in Richtung Bremen marschierten, wurde längst zur Gewissheit, weil der Reinhardswald und überhaupt das ganze Land rund um Kassel als Märchenland der Brüder Grimm gelten.

Einige Städte an der Oberweser können überdies mit bunten Gestalten aufwarten. Im Reinhardswald selbst befindet sich das Dornröschenschloss, die Sababurg. In Hannoversch Münden lebte und starb der

Dr. Eisenbart, der die Leute nach seiner Art kurierte. In Bodenwerder log der Baron von Münchhausen, dass sich die Balken bogen. In Hameln entführte der Rattenfänger zunächst die Ratten, später aber auch die Hamelner Kinder.

Von diesem Gedanken ausgehend, konnte man die Heimat des Esels irgendwo in der Gegend von Hannoversch Münden vermuten.

Das hat sich als richtig erwiesen, wenngleich zugegeben werden muss, dass es unendlich schwer war, in dem Gebiet zwischen Münden und Karlshafen eine Mühle zu finden. Die Mitarbeiter der »haghefte« fanden sie in Gottsbüren, zu dessen Schutz die Sababurg im Jahre 1334 vom Erzbischof von Mainz erbaut wurde. Gottsbüren liegt wenige Autominuten von der Burg und fünf Kilometer von der Weser entfernt.

In Gottsbüren lebten damals, im Jahre 1965, exakt 1133 Einwohner und vier Bäckermeister. Die Gottsbürener waren zu jener Zeit vorwiegend Landwirte, die zu bequem geworden waren, ihr Brot selbst zu backen.

Aber das war schon zu jener Zeit eine Geschichte, die man in Reiseführern vergeblich suchte, weil Bäckereien im Allgemeinen auch 1965 nicht als touristische Attraktionen gewertet wurden.

In der Wassermühle von Gottsbüren lebte und arbeitete in den 60er Jahren der Müller Bornemann, der seinen Kopf zu einem der kleinen Fenster der Mühle herausstreckte und mit Anspielung auf die vier Gottsbürener Bäckermeister bittere Klage darüber führte, dass die Zeiten sich geändert hätten und früher alles viel besser gewesen sei.

Der lud die Schreiber der »hagheftc« dazu ein, sein Mühlrad zu besichtigen, was die auch taten, weil sie keinen Zweifel mehr daran hatten, dass hier der Esel seinen Dienst getan, ehe er sich auf den Weg machte, den Fulde-Bach abwärts marschierte, dann dem Lauf der Diemel folgte, um schließlich die Weser zu erreichen.

Als der Esel ein Weilchen fortgegangen war, fand er einen Jagdhund am Wege liegen, der jappte, wie einer, der sich müde gelaufen hatte.

»Nun, was jappst du so, Packan?«, fragte der Esel.

»Ach!«, sagte der Hund. »Weil ich alt bin und jeden Tag schwächer werde, auch auf der Jagd nicht mehr fortkann, hat mich mein Herr wollen totschlagen, da habe ich Reißaus genommen. Aber womit soll ich nun mein Brot verdienen?«

»Weißt du was«, sprach der Esel, »ich gehe nach Bremen und werde dort Stadtmusikant. Geh mit, und lass dich auch bei der Musik annehmen. Ich spiele die Laute, und du schlägst die Pauke!«

Der Hund war's zufrieden, und sie gingen weiter.

Wenn nicht alles täuscht, haben sich der Esel und der Hund unterhalb der Krukenburg getroffen, wo zu jener Zeit ein mächtiger Burgherr mit zwei zänkischen Töchtern lebte, die ihm das Leben schwer machten.

Es ist nach neueren psychologischen Erkenntnissen durchaus zu verstehen, dass der Herr von der Krukenburg in Anbracht seiner unerfreulichen häuslichen Verhältnisse ein harter und leicht aufbrausender Mann geworden war. Er musste aber seinem Ärger – weil es sich für einen Burgherrn nicht geziemte, in Gegenwart von Damen kräftig auf den Tisch zu schlagen – anderweitig Luft verschaffen.

Der alte Jagdhund hatte früher schon die Stiefel seines Herrn zu spüren bekommen. Jetzt witterte er die Gefahr neuer Tritte und machte sich aus dem Staube.

So fand ihn der Esel.

Hund und Esel erreichten die Weser, just an der Stelle, an der damals noch der kleine Ort Syburg lag, der im Jahre 1699 – nachdem die Hessen Münden an Hannover hatten abtreten müssen – von dem hessischen Landgrafen Karl zu einem Hafen ausgebaut wurde, der den Namen Karlshafen erhielt.

Es dauerte nicht lange, so saß eine Katze an dem Weg und machte ein Gesicht wie drei Tage Regenwetter.

»Nun, was ist dir in die Quere gekommen, alter Bartputzer?«, sprach der Esel.

»Wer kann da lustig sein, wenn's einem an den Kragen geht?«, antwortete die Katze. »Weil ich nun zu Jahren komme, meine Zähne stumpf werden und ich lieber hinter dem Ofen sitze und spinne, als nach Mäusen herumjage, hat mich meine Frau ersäufen wollen. Ich habe mich zwar fortgemacht. Aber nun ist guter Rat teuer. Wo soll ich hin?«

»Geh mit uns nach Bremen. Du verstehst dich doch auf die Nachtmusik. Da kannst du ein Stadtmusikant werden.«

Die Katze hielt das für gut genug und ging mit.

Esel und Hund, die sich auf ihrem Marsch wegen ihrer mangelhaften geografischen Kenntnisse streng an den Lauf der Weser gehalten hatten, weil sie mit Sicherheit wussten, dass sie so Bremen erreichen würden, mussten – im Gegensatz zu der Grimm'schen Formulierung »Es dauerte nicht lange ...« – doch ein beträchtliches Stück zurücklegen, ehe sie die Katze trafen, die sich im Schutze der Mauer des Klosters Corvey unmittelbar an der Weser verborgen hielt.

Es lohnt sich, jene Stelle zu besuchen, an der die drei Tiere zusammenfanden.

Das Kloster Corvey befindet sich zwei Kilometer von Höxter entfernt. Corvey ist eine ehemalige Benediktiner-Abtei und zugleich die älteste und berühmteste Abtei im nördlichen Deutschland. Sie wurde 822 unter dem Karolinger Ludwig dem Frommen von einigen Mönchen aus Corbie, gelegen in der nordfranzösischen Provinz Picardie, gegründet.

Die drei landesflüchtigen Tiere allerdings hatten es eilig. Sie strebten weserabwärts und kamen an einem Hof vorbei, da saß auf dem Tor der Haushahn und schrie aus Leibeskräften.

»Du schreist einem durch Mark und Bein«, sprach der Esel. »Was hast du vor?«

»Da hab ich gut Wetter prophezeit«, sprach der Hahn, »weil unserer lieben Frauen Tag ist, wo sie dem Christkindlein die Hemdchen gewaschen hat und sie trocknen will. Aber weil morgen zum Sonntag Gäste kommen, so hat die Hausfrau doch kein Erbarmen und hat der Köchin gesagt, sie wolle mich morgen in der Suppe essen, und da soll ich mir heute Abend den

Kopf abschneiden lassen. Nun schrei ich aus vollem Halse, solange ich noch kann.«

»Ei was, du Rotkopf«, sagte der Esel. »zieh lieber mit uns fort, wir gehen nach Bremen. Etwas Besseres als den Tod findest du überall. Du hast eine gute Stimme, und wenn wir zusammen musizieren, so muss es eine Art haben.«

Der Hahn ließ sich den Vorschlag gefallen, und sie gingen alle viere zusammen fort.

Hier nun werden die Brüder Grimm zum ersten Male etwas konkreter in ihren Angaben.

Zunächst einmal bezeichnen sie die drei Tiere als Landesflüchtige, woraus zu ersehen ist, dass Esel, Hund und Katze eine Grenze passiert haben müssen, nämlich die Grenze zwischen Westfalen und Hannover.

Der Hahn wohnte – nach Grimm – in einem anderen Land, muss sich aber – wie wir gleich sehen werden – noch im Einflussgebiet des westfälischen Katholizismus befunden haben.

Man darf also den Schluss ziehen, dass Esel, Hund und Katze aus dem westfälischen Höxter gekommen und im hannoverschen Polle auf den Hahn gestoßen sind.

Aus den Ausführungen des Hahnes aber geht einwandfrei hervor, dass er einem katholischen Haushalt angehörte, zum anderen aber können wir ihnen entnehmen, wann sich die Geschichte der Stadtmusikanten zugetragen hat.

Der Hahn nämlich spricht von »unserer lieben Frauen Tag«, da »sie dem Christkindlein die Hemdchen gewaschen hat ...«. Das selbstverständlich etwas naive Tier kann nur des Fest der Reinigung gemeint haben, Mariä Lichtmess also, das am 2. Februar gefeiert wird.

Wenn man nun davon ausgeht, dass sich der Februar im Allgemeinen nicht sonderlich gut für Wanderungen eignet, kann sich die Geschichte nur in einem besonders milden Winter zugetragen haben – im Winter des Jahres 1654.

Zeitlich trifft das ungefähr mit zwei Ereignissen in Bremen zusammen, die bei den Menschen an der Oberweser den Eindruck erwecken mussten, dass Bremen eine große und reiche Stadt sei: Im Jahre 1623 zogen die Bremer über die Weser, weil ihnen die Stadt zu klein geworden war. Der Aufbau der Neustadt begann. Im Jahre 1646 aber wurde Bremen als Freie Reichsstadt anerkannt.

Sie konnten aber die Stadt Bremen nicht an einem Tag erreichen und kamen abends in einen Wald, wo sie übernachten wollten.

Der Esel und der Hund legten sich unter einen großen Baum, die Katze und der Hahn machten sich in die Äste, der Hahn aber flog bis in die Spitze, wo es am sichersten für ihn war.

Ehe er einschlief, sah er sich noch einmal nach allen vier Winden um, da deuchte ihm, er sähe in der Ferne ein Fünkchen brennen, und rief seinen Gesellen zu, es müsste nicht gar weit ein Haus sein, denn es scheine Licht.

Sprach der Esel: »So müssen wir uns aufmachen und noch hingehen. Denn hier ist die Herberge schlecht.«

Jeder weiß, was nun geschah und auf welch pfiffige Weise der Esel, der Hund, die Katze und der Hahn als hochbegabte Musikanten das Räuberhaus eroberten und sich endlich satt essen konnten.

Nicht bekannt war es bisher, wo die vier Stadtmusikanten das Räuberhaus fanden.

Wahrscheinlich ist, dass sie immer weiter weserabwärts zogen, die Porta Westfalica passierten und die norddeutsche Tiefebene betraten, wo sie auf dem 89 Meter hohen Heisterberg in der Nähe von Liebenau an der Mittelweser Rast einlegten.

Von diesem Berg aus nun erblickte der Hahn im Westen ein Licht, jenes Licht, das im Räuberhaus brannte. Dieses Räuberhaus befand sich in etwa dort, wo der Ort Kirchdorf liegt. Vom Räuberhaus ist natürlich nichts mehr zu sehen.

Der Gedanke, dass die vier Stadtmusikanten auf ihrem Weg nach Bremen die Weser nicht verlassen haben, findet seinen Ausdruck in Bernhard Hoetgers Stadtmusikanten-Gruppe auf dem Rohr des Sieben-Faulen-Brunnens in der Bremer Böttcherstraße.

Hier ziehen die Tiere – symbolisch gesehen an der Weser entlang auf das Bremer Rathaus zu.

Bis vor einiger Zeit war man der Ansicht, dass die vier Stadtmusikanten Bremen nie erreicht haben, weil sie ihren Lebensabend – ohne die anstrengende Tätigkeit von Stadtmusikanten ausüben zu müssen – im

Räuberhaus genießen konnten. Damit endet ja auch das Märchen der Grimm'schen Brüder.

Doch ausgerechnet dort, wo sich in der Böttcherstraße die vier Stadtmusikanten in Richtung des Rathauses bewegen, genauer gesagt im Keller des Paula-Becker-Modersohn-Hauses, wurde bei den bereits erwähnten Restaurierungsarbeiten im Sommer des Jahres 1992 ein Knochen gefunden, der sich bei näherer Untersuchung als Knochen eines Esels erwies. Es war der Knochen eines Vorderlaufes.

Wer bis dahin noch nicht geschaltet hatte, dem wurden vollends die Augen geöffnet, als unmittelbar neben der Grabungsstelle ein angegriffenes, doch klar erkennbares Papier mit einer schematischen Darstellung der Bremer Stadtmusikanten gefunden wurde.

Aus diesem Papier ging eindeutig hervor, dass man sich am Grabe der vier Tiere befand.

Das Märchen von den Bremer Stadtmusikanten muss also umgeschrieben werden. Die Tiere sind nicht im Räuberhaus geblieben, aus welchen Gründen auch immer.

Sie haben Bremen erreicht und sind nach einem langen und offenbar zufriedenen Leben in der Böttcherstraße gestorben.

Und wer die Geschichte nicht glaubt, der zahlt einen Taler (oder 1,50 Euro).

Bernhard Hoetger

Bernhard Hoetger, Steinmetz, Maler und Architekt, gehört zu den Erbauern der Böttcherstraße. Von ihm sind das Paula-Becker-Modersohn-Haus und das Haus Atlantis.

Heute – nach dem Wiederaufbau der Straße im Jahre 1954 – ist Hoetgers Handschrift nur noch bruchstückhaft zu erkennen. Sein kompromissloser Baustil ging weitgehend verloren, zumal er auch keine Bauzeichnungen oder anderen Unterlagen hinterlassen hatte.

Das Haus Atlantis erhielt ein neues Gesicht. Der dominierende Lebensbaum mit dem Jahresrad und dem gekreuzigten Odin bekam keinen Platz mehr an der Hoetger'schen Fassade, die im Jahre 1965 unter einer von Ewald Mataré gestalteten neuen Hausfront verschwand.

Der Künstler Hoetger lebt in der heutigen Böttcherstraße im Wesentlichen durch seine Plastiken am Eingang des Paula-Becker-Modersohn-Hauses, im Handwerkerhof und im Hoetger-Hof weiter. Der »Lichtbringer« am Eingang zur Böttcherstraße ist eines seiner Werke, und auch »Tag« und »Nacht« auf den Aquarien am Haus Petrus stammen von ihm.

Bernhard Hoetger wurde am 5. Mai 1874 in Hörde, das heute zu Dortmund gehört, geboren. Zunächst lernte er bei einem Steinmetz und ging danach zum Studium nach Düsseldorf und nach Paris, wo er prägende Eindrücke sammelte.

Im Jahre 1911 wurde er in die Darmstädter Künstlerkolonie berufen – als Professor und leitender Meister. Drei Jahre später siedelte er nach Worpswede über.

Hoetger, der mit Paula Modersohn-Becker befreundet gewesen war, schrieb damals: »Es wurde mir mit den Jahren immer klarer, dass in einer Landschaft, in deren Luft eine Kunst wie die von Paula Modersohn groß werden konnte, auch für mein Schaffen die rechte Atmosphäre sein müsse.«

Er hat dann tatsächlich das Gesicht von Worpswede entscheidend beeinflusst. Die Kunstschau und das »Kaffee Worpswede« tragen unverkennbar seine Handschrift. Die Bremer haben das »Kaffee Worpswede« mit leichtem Spott als »Kaffee Verrückt« bezeichnet. Sie sind aber gern dort eingekehrt – und tun es noch. Nicht zuletzt durch Hoetger haben sie eine enge Beziehung zu Worpswede aufgebaut.

Hoetgers Arbeitsgebiete waren Plastik, Malerei, Grafik, Architektur und Kunstgewerbe. Von ihm sind keramische Arbeiten erhalten, und er hat Möbel entworfen und Häuser eingerichtet.

Bernhard Hoetger, der die Nationalsozialisten zunächst begrüßt, dann aber erkannt hatte, dass er von ihnen nichts Gutes zu erwarten hatte, ging nach der braunen Machtübernahme zunächst nach Berlin und emigrierte später in die Schweiz.

Am 18. Juli 1949 ist er in Beatenberg im Kanton Bern in der Schweiz gestorben.

Plastik

Vater und Sohn standen vor der von Bernhard Hoetger geschaffenen Roselius-Büste im Handwerkerhof des Paula-Becker-Modersohn-Hauses.

»Guck«, sagte der Vater, der sich für die Bildung seines Sohnes verantwortlich fühlte, »das ist eine Plastik von Hoetger!«

Der Sohn war ein bisschen irritiert, nahm die Information zunächst hin, schüttelte dann den Kopf, trat auf die Plastik zu, klopfte dagegen und meinte: »Mensch, Vadder, der Kopf ist doch nicht aus Plastik. Der ist aus Bronze.«

Ein Strauß alter Anekdoten

Die Heftklammern waren verrostet, das Papier vergilbt.

»Was man so hört!«, stand vorn drauf.

»Gucken Se mal«, sagte Hans Tallasch, der damalige Geschäftsführer der Böttcherstraße und über Jahrzehnte die Seele der Straße. »Lauter Anekdoten aus den 30er Jahren! Wenn Sie wollen, können Sie die verwerten.«

Die Anekdoten stammen aus der nationalsozialistischen Zeit. Damals wurden sie aufgeschrieben.

»Von wem?«

Hans Tallasch musste raten, wenn auch mit einigem Hintergrundwissen. Er sagte, es könne Ilse Rätzer gewesen sein. Sie habe eine literarische Ader gehabt.

Ilse Rätzer lebte von 1898 bis 1974. Sie war in der Hausverwaltung der Böttcherstraße tätig.

Die Geschichten spiegeln den Geist der 1930er Jahre wider.

Sie sind – zum besseren Verständnis – hier und da und mit sehr viel Respekt vor der Autorin ein bisschen bearbeitet worden.

Das Märchen

Ein weißbärtiger Herr mit Panama-Hut stand – von einer erwartungsvoll blickenden Groß-Familie umgeben – in der Böttcherstraße, Kenner durch und durch.

Er holte Luft und erzählte mit sicherer Stimme:

»Diese Straße gehört dem Herrn Roselius. Sie ist eine Reklamestraße für Kaffee HAG. Früher war sie eine alte, halb zerfallene Gasse. In ihr wurde Herr Roselius geboren. Von hier aus ging er noch in Pantoffeln zur Volksschule. Später wurde er ein reicher Mann. Aus Dankbarkeit und zur Erinnerung erbaute er diese Kunststraße.«

Die Gemäldegalerie

Ein junges Paar stand vor der offenen Tür einer Gemäldegalerie in der Böttcherstraße.

Der junge Mann, der offenbar die Rolle des Fremdenführers übernommen hatte, erklärte: »Und dieses ist eine Gemäldegalerie, aber – so etwas kennst du ja.«

Sie lächelte und antwortete: »Ja, Schatz. Ich habe früher schon einmal eine Gemäldegalerie gesehen. Da hängen die Bilder immer nebeneinander an der Wand.«

Der junge Mann atmete erleichtert auf.

»Richtig«, sagte er. »Und genauso ist es hier auch. Dann – können wir ja weitergehen.«

Kunstfreunde

Ein Ehepaar interessierte sich lebhaft für die Bilder von Paula Modersohn-Becker.

Das heißt, sie interessierte sich dafür. Er sagte immer nur mit sanfter Stimme: »Ja!«

Schließlich wandte sie sich an einen der Bediensteten der Böttcherstraße und fragte: »Gibt es wohl Reproduktionen von den Bildern?«

»Aber natürlich!«

»Es müssen aber möglichst große Reproduktionen sein«, sagte die Dame. »Nicht einfach nur in Postkartengröße. Es sollte das größte Format sein, das es gibt. Nicht wahr?«, fragte sie ihren Mann.

Der sagte »Ja!«

Und der Bedienstete der Böttcherstraße meinte: »Sie können Reproduktionen in der Größe des Originals haben.«

»Ach«, sagte sie. »Das ist ja interessant. Und was kostet eine solche Reproduktion?«

»Naja«, meinte der Bedienstete. »Ganz genau weiß ich es im Augenblick nicht, vielleicht so um die 50 Mark?«

»Was?«, fuhr sie entsetzt auf. »50 Mark? – du«, wandte sie sich an ihren Mann, »dafür können wir das Zimmer auch tapezieren lassen.«

Bleikeller

Sie standen und warteten auf etwas Besonderes, auf etwas nie Dagewesenes.

Riemenschneider – gut.

Cranach – schön.

Nichts gegen vorgeschichtliche Funde. Nichts gegen Vogelers verträumte Romantik.

Aber es blieb in ihren Gesichtern eine unruhevolle Gespanntheit.

Schließlich, nach einem sichtbaren inneren Ruck, wagten sie dann doch die Frage:

»Sehen wir denn gar nicht die in der Böttcherstraße ermordeten Studenten? Wir dachten, die wären in einem mit Blei ausgeschlagenen Keller einbalsamiert.«

Kolonialschau

Es war in einer Kolonialschau, die zur großen Ausstellung »Bremen – Schlüssel zur Welt« zusammengetragen worden war.

Die Verantwortlichen in der Böttcherstraße hatten sich jedenfalls sehr viel Mühe gegeben, die zum Teil wertvollen Ausstellungsstücke von überall her zu leihen.

Einige gemütliche Landleute waren in die Ausstellung hineingeraten, und eine junge Dame erläuterte ihnen ausführlich die gezeigten Kostbarbeiten.

Die Leute vom Lande hörten verständnisvoll zu.

Als es am Ende nichts mehr zu erklären gab, sagte einer der Herren, der bis dahin nicht unfreundlich, aber auch sehr kritisch geguckt hatte, unter dem beifälligen Gemurmel seiner Begleiter:

»Tscha, Frollein, dat is allens ganz nett und auch ganz schön, dat Se uns dat hier so verklamüsern, aber – kaufen tun wir doch nix.«

Ganz weg

Zwei Bremerinnen standen sinnend vor dem Paula-Becker-Modersohn-Haus, das Ludwig Roselius der im Jahre 1907 gestorbenen Worpsweder Malerin Paula Modersohn-Becker gewidmet hatte, von der er allerdings nur das Werk kannte. Sie selbst hatte er nicht mehr kennengelernt.

Plötzlich sah eine der beiden Bremerinnen auf und fragte: »War sie denn wirklich so schön?«

»Und ob«, meinte die andere. »Der Herr Roselius war ganz weg.«

Bausachverständige

Fünf Bremer standen vor dem Paula-Becker-Modersohn-Haus, Experten offenbar in Bauangelegenheiten und in Angelegenheiten der Kunst.

Der erste sagte: »Es ist ein Skandal, so etwas zu bauen!«

Der zweite fügte angewidert hinzu: »Und das aus gewöhnlichen Backsteinen!«

Der dritte jedoch gab zu bedenken: »Das Eisengitter – das ist doch eigentlich recht schön.«

Er wusste wohl nicht, dass dieses Gitter von den braunen Kunstsachverständigen am meisten beanstandet worden war.

Der vierte ließ sich Zeit, offenbar überlegend, ob er sagen durfte, was er meinte.

Dann sagte er entschlossen: »Also, ich kann mir nicht helfen – ich mag das Zeugs.«

Daraufhin sprach der letzte das nicht sehr freundliche Schlusswort: »Hier gehört eine Bombe rein!«

Es sollte noch einige Jahre dauern, aber dann ging sein Wunsch in Erfüllung.

2000 Jahre alt

Ein Bremer spielte den Fremdenführer in der Böttcherstraße.

Vor dem Roselius-Haus blieb er mit seinen Schutzbefohlenen lange stehen.

Am meisten schien die Zahl 1587 zu imponieren. Dann aber erreichten sie die Tafel an der Seite des Hauses und stellten fest, dass das Haus aus dem 13. Jahrhundert stammte.

»Donnerwetter«, sagte einer der Fremden, der seiner Aussprache nach aus den Vereinigten Staaten kam. »So alt ist ganz Amerika nicht.«

Aber da hatte er seine Rechnung ohne den Bremer gemacht, der ihm nun beweisen wollte, dass das 13. Jahrhundert für einen Bremer noch gar nichts war.

Er sagte: »So, nun will ich euch mal ein Haus zeigen, das ist schon 2000 Jahre alt« und führte die Gruppe vor das Paula-Becker-Modersohn-Haus.

Vorher – nachher

»Nein«, ereiferte sich eine ältere Dame in der Paula-Modersohn-Becker-Sammlung, »nein, das verstehe ich nicht. Wenn man alte Leute derart malt, gut, das schadet nichts. Aber Kinder... Also, wenn die wirklich so aussehen wie auf den Bildern, dann soll man sie erst zur Erholung wegschicken und ordentlich auffüttern und – dann malen.«

Missverständnis

Eine junge Dame betrat die Böttcherstraße, blickte suchend umher und fragte einen Passanten:

»Entschuldigen Sie, wissen Sie wohl, wo die Paula-Becker-Modenschau ist?«

Ein klarer Fall

Ein vielleicht elfjähriges Mädchen stand mit seiner Großmutter vor dem Haus des Glockenspiels. Sie betrachtete die Bilder der Atlantikbezwinger und kam zu dem Schluss: »Was sich da dreht, das sind ja wohl die zwölf Apostel!«

Der nackte Hitler

Einige Mädchen vom »Bund Deutscher Mädel« in der Hitler-Jugend standen in ihren Uniformen vor der Böttcherstraße.

Eines der Mädchen fragte zaghaft: »Wollen wir hineingehen?«

»Nein«, sagte die Mädelschaftsführerin, nicht viel älter als die anderen Mädchen. »Das dürfen wir nicht.«

»Warum nicht?«

»Es ist verboten!«

Nach dieser erschöpfenden Auskunft trat zunächst ein Schweigen ein.

Die Mädchen guckten neugierig in die Straße hinein, und eines von ihnen schaute hinauf zum Heilsbringerrelief über dem Eingang der Böttcherstraße.

»Wer ist das?«, fragte das Mädchen.

Die Führerin sagte: »Das ist es ja, darum dürfen wir nicht rein. Das ist doch unser Führer Adolf Hitler, nackend, wie er die Kommunisten vertreibt.«

Die Sieben Faulen

Ludwig Roselius, ein umtriebiger und fleißiger Mann, pflegte die Sieben Faulen, sieben Brüder, die grenzenlos faul waren, als die ersten Rationalisierer Bremens zu bezeichnen. Vielleicht waren es sogar die ersten Rationalisierer der Welt.

Ludwig Roselius jedenfalls hat ihnen in seiner Böttcherstraße zwei Denkmäler gesetzt.

Gleich das erste Haus vom Markt gesehen, auf der rechten Seite, zeigt die Sieben Faulen als Giebelfiguren, die von dem Bildhauer Aloys Röhr gestaltet worden sind. Unten im Haus befindet sich heute der Sieben-Faulen-Laden mit Büchern und Souvenirs. Auf der anderen Seite der Straße trägt der Brunnen im Handwerker-Hof des Paula-Becker-Modersohn-Hauses den Namen der Sieben Faulen.

Bernhard Hoetger hat den Brunnen im Jahre 1926 geschaffen und die Plastiken von sieben Personen hineingearbeitet.

Wer diese sieben Personen sind, weiß kein Mensch mehr.

Tatsächlich ist es so, dass immer einer im Kreise der führenden Männer der Kaffee HAG gewusst hat, wer die sieben Personen waren. Der letzte hat das Geheimnis mit ins Grab genommen.

Es gibt aber Vermutungen und Hinweise – unter anderem von Otto Meier aus Worpswede, der die Figuren gebrannt hat.

Nach seinen Äußerungen erhielten vier Figuren – wenn auch in sehr vager Form – die Gesichtszüge von Ludwig Roselius d. Ä., von Bernhard Hoetger, von dem Bauunternehmer Schacht, der seinerzeit mit dem Bau der Böttcherstraße betraut war, und von Heinz Puvogel, der zu dem engeren Vertrautenkreis des Ludwig Roselius gehörte.

Bei der fünften Figur handelt es sich um eine kleine Sensation. Sie stellt die Tänzerin Sent M'Ahesa dar, die seinerzeit weithin berühmt war und auch in Worpswede Proben ihres Könnens gezeigt hat.

Zwei Figuren konnten bisher nicht identifiziert werden.

Die Röhre des Brunnens steht symbolhaft für die Weser, an der die Bremer Stadtmusikanten nach Bremen ziehen – Richtung Rathaus.

Wer aber waren die Sieben Faulen?

In der ersten Hälfte des 19. Jahrhunderts lebte in Bremen der Schriftsteller Friedrich Wagenfeld. Geboren wurde er 1810 in Bremen, studierte von 1829 bis 1832 in Göttingen Theologie und Philologie, scheiterte aber und schlug sich als Hauslehrer in seiner Heimatstadt durch. Nebenbei schriftstellerte er.

Um das Jahr 1837 löste Wagenfeld eine wissenschaftlich-literarische Sensation aus. Er veröffentlichte eine Übersetzung des phönizischen Historikers Sanchuniathon, der um 1250 v. Chr. eine Geschichte Phöniziens geschrieben hatte.

Wagenfeld behauptete, die Handschrift Sanchuniathons zu besitzen. Wissenschaftler glaubten ihm zunächst. Doch die Fälschung wurde bald entlarvt. Fortan wurde Wagenfeld nicht mehr ernst genommen. Er geriet ins Stolpern und an die Flasche. Er starb – völlig heruntergekommen – mit 36 Jahren.

Der wissenschaftliche Fehltritt Wagenfelds ist längst vergessen. Unsterblich aber sind seine Volkssagen, die er den Bremern hinterlassen hat. Dazu gehört die Sage von den Sieben Faulen.

Vor vielen Hundert Jahren wohnte zu Bremen in einem alten schiefen Bauernhaus ein Bauer mit seiner Frau. Sie lebten schlecht und recht tagein, tagaus unter ihrem Strohdach und quälten sich redlich. Denn sie hatten sieben Kinder. Lauter Jungs, die alle gern gut essen und trinken mochten.

Es waren Prachtjungs! Alle sieben mit hellen blauen Augen, mit roten Backen und strammen Beinen.

Dicht hinter dem Kohlgarten des Vaters floss die Weser. Ihr Ufer war der schönste Spielplatz der sieben Brüder.

Morgens früh, wenn sie aufgestanden waren und gefrühstückt hatten, machten sie sich auf und guckten, ob das Wasser im Strom in der vergangenen Nacht gestiegen oder gefallen war.

Sie schleppten aus des Vaters Holzschuppen alte Bretter, zimmerten Brücken, schaufelten im weißen Sand, bauten Häuser, gruben Gräben und Teiche und fingen Stichlinge.

Vater und Mutter freuten sich, dass ihre Jungs so frisch und gesund waren, und dachten: Lass sie nur! Wenn sie erst groß sind, werden sie schon von selbst aufhören zu spielen und stattdessen tüchtig in der Wirtschaft mithelfen.

Als der Älteste konfirmiert worden war und lange Hosen bekommen hatte, wollte er auch nicht mehr mit den anderen spielen. Er wollte arbeiten. Aber merkwürdig, er machte alles falsch.

Als er mit der Karre den Mist statt auf den alten Haufen hinter dem Hause gleich zu den Beeten fuhr, wo er untergegraben werden sollte, sagte der Vater zu ihm: »Nein, Geerd, so geht das nicht. Der Mist soll hinter dem Haus bleiben!«

»Aber, Vater«, sagte Geerd, »hier liegt er doch besser. Du bringst ihn in ein paar Tagen ja doch hierher, und der frische Mist so dicht hinter dem Haus ist auch nicht angenehm.«

»Das ist einerlei«, sagte der Vater. »Bring ihn wieder zurück. Dort hat er immer gelegen, und da soll er auch in diesem Jahr liegen.«

So ging's in allen Sachen. Wenn Geerd das, was er tun sollte, auch noch so töricht erschien, der Vater sagte ihm jedes Mal: »So hab ich es immer gemacht und hab's so von meinem Vater gelernt und der wieder von meinem Großvater, und so sollst du es auch von mir lernen!«

Fast den größten Teil des Jahres standen der Garten und die Felder unter Wasser, denn der Boden war niedrig, und wenn die Weser nur ein paar Eimer Wasser mehr führte, gleich lief sie über die Ufer. Im Frühjahr aber, wenn Hochwasser war, lief das Wasser gar bis ins Haus hinein, und es gab eine starke Überschwemmung. Dann wohnte die ganze Familie auf dem Dachboden, und das Vieh wurde mit vieler Mühe auch hinaufgebracht. Das waren böse Zeiten.

Wenn dann die Mutter mal eine Mahlzeit Kohl kochen wollte, hatte sie wohl die Pinkel, die im Rauchfang hing, gleich zur Hand, aber die Hauptsache, der Kohl, fehlte ihr. Dann musste der Vater erst seine hohen Wasserstiefel anziehen und durch den überschwemmten Garten waten, um eine Mahlzeit Kohl zu holen. Und gar manchmal erkältete er sich bis auf den Tod dabei und lag dann hinterher ein paar Tage im Bett und konnte keinen Arm bewegen vor Rheumatismus.

Da sagte Geerd: »Weißt du, Vater, wir sollten doch, wenn Hochwasser kommt, unser Boot von der Weser holen und ans Haus legen, dann kannst du mit dem

Schiff durch den überschwemmten Garten staken und Kohl holen, ohne dass du ins Wasser steigst und dich erkältest.«

Doch der Vater antwortete: »Das fehlte noch, dass wir um einen Arm voll Kohl uns solche Umstände machen! Nein, ich kann das bisschen Kohl leicht auf die alte Art holen; und wenn nur meine Stiefel dicht gewesen wären, dann hätte ich mich auch nicht erkältet.«

Da schwieg Geerd still und sagte nichts mehr.

Als einst, in den Hundstagen, alle Gräben ausgetrocknet waren und das Vieh auf der Weide verdursten wollte, da mussten die Eltern mit den sieben Jungen einen Eimer Wasser nach dem anderen von der Weser holen, und der Weg zur Weide war weit, und kein Baum gab unterwegs Schatten.

Da sagte Geerd am Abend, als alle um den Tisch herum saßen und sich die letzten Schweißtropfen trockneten: »Weißt du, Vater, wir sind doch heute dumm gewesen! Wir hätten ja die Kühe von der Weide an die Weser treiben können, da hätten sie sich satt getrunken, und dann hätten wir sie wieder zurückgetrieben.«

Da sahen Vater und Mutter ihren Ältesten verwundert an, und die Mutter sprach: »Geerd, Geerd, wie kannst du nur so dumm daherreden! Meinst du denn, das Vieh trinkt, wenn du es willst? Das trinkt, wenn es gerade Lust zum Trinken hat, und du hättest es den ganzen Tag hin- und immer wieder hintreiben können, und es hätte doch noch gebrüllt vor Durst. – Nein, überhaupt, war denn das eine schwere Arbeit heute? Das bisschen Wasserschleppen! Das haben Vater und ich schon seit zwanzig Jahren jeden Sommer gemacht, und es hat uns nichts geschadet. Wenn's auch Schweiß gekostet hat. Der trocknet schon wieder!«

Ja, der Geerd! Der war ganz anders als die Eltern. Er meinte es gut und wollte überall mithelfen und es besser machen. Er wollte, dass seinen Eltern und auch ihm die Arbeit leichter von der Hand ginge. Aber von solchen Verbesserungen wollten die Eltern nichts wissen. Es sollte alles beim Alten bleiben.

So kam es denn, dass Geerd bald keine Lust mehr hatte, dem Vater zur Hand zu gehen, und nur noch verdrossen und widerwillig so arbeitete, wie der Vater es haben wollte. Und wie der Älteste, so waren alle sieben.

Da glaubte der Vater bald, er habe sieben rechte Faulpelze im Hause, die nur darauf aus waren, alles leichter zu machen, weil sie überhaupt keine Lust zu einer rechtschaffenen Arbeit hatten. Es fiel ihm aber auch nicht ein, sich über solche Faulheit zu ärgern. Lieber machte er wieder alles allein.

Mit der Zeit waren sie nun alle sieben herangewachsen, aber keiner mochte zu Hause mit zugreifen. So setzten sie ihr altes Leben fort, lagen stundenlang an der Weser und sahen den Fischern und Schiffern zu und hielten mit diesem und jenem einen Schnack.

Meistens unterhielten sie sich untereinander darüber, wie sie alles besser und bequemer und schneller einrichten wollten, wenn der Vater es ihnen nur erlaubte.

So ging die Zeit dahin.

Die Brüder langweilten sich und kümmerten sich nicht um ihre Eltern. Wenn die sich plagen wollten, dann sollten sie es tun. Nachbarn und gute Freunde aber sprachen, wenn die Rede auf die sieben Brüder kam, nur noch von den sieben Faulen.

Als sie eines Tages wieder an der Weser lagen und nichts zu tun wussten, sagte Geerd plötzlich zu seinen Brüdern: »Nein, ich halte es hier nicht mehr aus. Ich will hinaus in die Fremde und zusehen, ob's anderwärts ebenso hergeht wie bei uns zu Hause oder ob's im fremden Lande gescheitere Leute gibt. Und nicht eher komme ich zurück, als bis ich was Ordentliches gelernt und geleistet habe.«

Da blickten ihn die anderen mit fröhlichen Augen an, und einer nach dem anderen drückte ihm die Hand und sagte: »Ich gehe mit dir. Die Fremde zu sehen, ist schon lange auch mein brennender Wunsch gewesen.«

Alle sieben wollten sie fort.

Also wurde beschlossen, miteinander hinauszuwandern in die weite schöne Welt und zu lernen, wie bei fremden Leuten Feld und Wiese bestellt und die Kühe gemolken werden.

»Und dann, wenn wir wissen, wie anderswo Haus und Hof gehalten werden, dann kommen wir wieder und werden daheim zeigen, was die sieben Faulen für gescheite Leute sind."

Also sprach Geerd, und die andern drängten sich an ihn und sagten: »Gewiss, so soll es sein!«

Und sie gaben sich alle sieben die Hand darauf, dass sie morgen in aller Frühe zusammen der Vaterstadt den Rücken kehren wollten.

Als sie nun am Abend nach Hause gekommen waren und die Mutter die große Schüssel mit dicker Milch auf den Tisch gestellt hatte und alle herangerückt waren und es sich schmecken ließen, da erzählte der Älteste dem Vater und der Mutter von ihrem gemeinsamen Plan.

Der Vater sperrte die Augen auf und guckte ungläubig.

Die Mutter sah kopfschüttelnd ihre sieben Jungen der Reihe nach an, seufzte und sprach: »Du lieber Gott, wie wird es euch in der Fremde ergehen, und wer nimmt denn auch schon die sieben Faulen in den Dienst?«

Am andern Morgen, ehe der erste Sonnenstrahl den Dachfirst vergoldet hatte, weckte einer den anderen, und dann wanderten sie von zu Haus fort.

Vater und Mutter sahen ihnen nach und dachten: »Die werden bald genug wiederkommen!«

Die Nachbarn standen hinter ihren Holunderbüschen und Dornenhecken, nickten einander zu und sagten heimlich: »Die sieben werden sich wundern. Was anderes als Arbeit finden sie da draußen auch nicht, und die hätten sie zu Hause geradeso haben können. Freilich, nach Arbeit sehnen sie sich wohl nicht. Sie schämen sich hier ihrer Faulheit, darum gehen sie in die weite Welt, um sich dort zu verstecken.«

Am Abend schaute die Mutter nach ihnen aus. Doch sie kamen nicht.

Am folgenden Abend waren sie auch noch nicht zurück, und den nächsten Tagen blieben sie ebenfalls aus.

Der Sommer ging langsam dahin, und der Winter kam. Aber die sieben ließen nichts von sich hören noch sehen.

»Die sind ja längst verhungert«, sagte ein Nachbar.

»Oder sie sind gestorben!«, fügte ein zweiter hinzu und zog ein mitleidiges Gesicht.

»Oder sie sind verdorben!«, meinte ein anderer, und es schien ihm ganz recht zu sein.

Die Mutter zerdrückte gar oftmals heimlich eine Träne und dachte mit viel Sorge an ihre Jungen.

Nach dem Winter brachten die Schwalben wieder einen Sommer und nahmen ihn dann wieder mit sich fort. Auch im zweiten Winter kam keine Kunde von den sieben in die Heimat.

Die Jahre gingen dahin. Die Eltern wurden grau und grauer, krumm und krummer.

Da marschierten eines Tages sieben sonnenverbrannte Gesellen mit strammen Schritten in hohen Wasserstiefeln durch die Straßen. Ein jeder trug einen Spaten auf der Schulter und hatte einen dicken Rucksack umgehängt. Keiner kannte sie, bis sie alle nacheinander in ihrer Eltern Haus marschierten.

Die Nachbarsleute, die das mit angesehen hatten, ließen ihre Arbeit im Stich und liefen, wie sie gingen und standen, nach allen Seiten und erzählten jedem: »Die sieben Faulen sind wieder da!«

Drinnen aber bei den zwei alten Leuten floss manche Freudenträne. Da saßen wie früher die sieben Jungen, die richtige Männer geworden waren, um den Tisch herum und erzählten und erzählten, dass die Eltern Mund und Ohren aufsperrten.

Ja, in den nächsten Tagen merkte man es doch, dass etwas anders geworden war unter dem windschiefen Strohdach. Die sieben begannen nämlich, mitten auf dem Hofe eine tiefe Grube zu graben. Immer tiefer und tiefer wurde sie, und mit Leitern stiegen sie hinein und trugen Kalk und Steine herzu und mauerten die Grube aus.

»Was wollen die denn machen?«, fragten verwundert die Leute. »Da ist wohl gar in der Erde ein Schatz vergraben, den sie suchen wollen. Oder haben sie in der Fremde so viele Goldstücke erspart, dass sie damit nicht zu bleiben wissen und sie nun hier eingraben wollen?«

Doch siehe da! Eines Tages waren sie mit ihrer Arbeit fertig, und eine kurze, halbmannshohe Mauer ragte rund um das Loch aus der Erde, und darüber hing an einem langen Haken ein schwerer Eimer.

Nun brauchte die Mutter nicht mehr jeden Tag nach der Weser zum Wasserholen zu gehen. Die sieben hatten ihr einen bequemen Brunnen gegraben. Man brauchte nur den Eimer hinabzulassen, so kam er gefüllt wieder herauf.

»Na, da haben wir's ja!«, sagten die Leute zueinander. »Sie sind noch geradeso faul wie früher. Damit sie nicht wieder Wasser zu schleppen brauchen, wenn die Suppe gekocht werden soll und das Vieh dürstet, haben sie sich einen Brunnen gegraben. Nein, solche Faulpelze!«

Doch noch mehr Beweise ihrer Faulheit gaben sie ihren guten Freunden und Nachbarn.

Eines Tages begannen sie von der Weser her mit Schubkarren Lehm und Sand heranzufahren.

»Was soll das denn nun schon wieder werden?«, fragten alle, die es sahen.

Um den Garten und um die Felder herum warfen sie einen mächtigen Damm auf. Er wurde haushoch mit Sand und Erde beschüttet und mit Rasenstücken belegt. Als im Frühjahr dann das Hochwasser kam und alle Welt durch das überschwemmte Land nicht aus dem Hause konnte, da gingen die sieben gemütlich in ihrem Garten und auf dem Felde umher und begannen vier Wochen früher als andere Leute zu säen und zu pflanzen. Als dann der Sommer kam, hatten sie schon das junge Gemüse auf dem Tisch, während andere Leute noch ihre harten Salzbohnen und den eingemachten Sauerkohl vom vorigen Jahr kochen mussten.

Die Leute aber hatten auch in dem Deichbau nur wieder die Faulheit der sieben gesehen und gespottet und gelacht über die zarten Jungen, die bange waren vor dem bisschen Wasser.

Als der Deich in Ordnung war, begannen sie im Spätherbst noch ein Dutzend Lindenbäume vor dem Hause anzupflanzen.

Der Schneider war der Erste, der dieses Rätsel löste.

»Ja, wisst ihr«, sagte er zu seinen Freunden und wollte sich ausschütten vor Lachen, »die sieben sind zu bequem, dass sie nicht einmal Lust haben, am Sonntag ein paar Stunden weit zum nächsten Wald spazieren zu gehen, darum pflanzen sie sich einen Wald vors

Haus!« Er schüttelte den Kopf und fragte: »Sollte man's glauben?«

Die anderen lachten mit.

Dann begannen die sieben, ein Haus zu bauen, ein großes, schönes Bauernhaus, in dem alles so nett und sauber und so überaus bequem war, dass alle, die das Haus besichtigt hatten, deutlich die Faulheit der Brüder erkennen konnten.

Als das Haus fertig war, feierte der älteste der sieben Faulen Hochzeit. Danach wurde weitergebaut. Dann machte der zweite Hochzeit, darauf der dritte und so weiter, bis alle sieben Brüder in sieben neuen Häusern wohnten. Eines so schön und bequem wie das andere. Die Häuser standen alle in einer Reihe. Hinter jedem war ein großer Garten. Dahinter lagen die Felder. Und alles war gut und fest eingedeicht und nett anzusehen.

»Man sollte es doch nicht für möglich halten!«, sagten die Leute, als sie alles in Augenschein genommen hatten. »Sie sind die Faulen, und sie bleiben die Faulen.«

Die Straße vor ihren Häusern begannen sie mit Steinen zu pflastern, natürlich auch aus Faulheit. Sie hatten wohl keine Lust, einen im tiefen Sand stecken gebliebenen Wagen wieder auszugraben, auch wollten sie sich bei schlechtem Wetter die Schuhe nicht schmutzig machen.

Sie blieben bis an ihr Lebensende zusammen und waren stets darauf bedacht, Haus und Hof immer noch bequemer und schöner einzurichten.

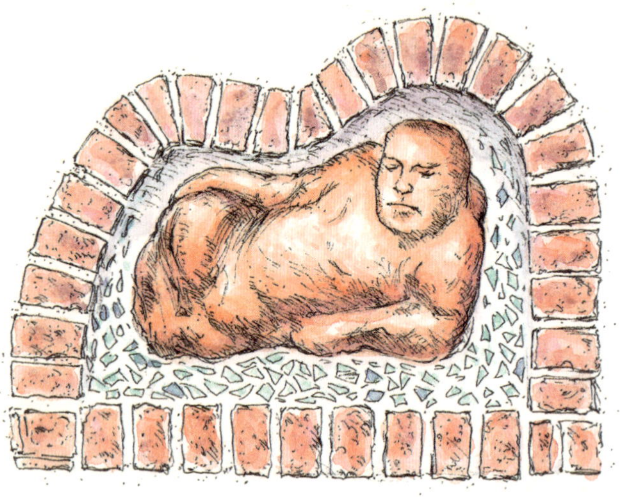

Ludwig Roselius im Sieben-Faulen-Brunnen

»Pure Faulheit!«, sagten die Leute. Sie schüttelten die Köpfe und – machten ihnen alle Verbesserungen nach.

So kam es denn, dass alle, die in Haus und Garten etwas neu einrichten mussten, heimlich zu den sieben Brüdern gingen und zusahen, wie die es gemacht hatten. Danach richteten sie es bei sich auch so ein.

Die Straße aber, worin die sieben Faulen gewohnt haben, ist noch heute in der Stadt Bremen zu sehen. Sie heißt bis auf diesen Tag die Faulenstraße.

Das Haus St. Petrus

Das Haus St. Petrus, das zusammen mit dem Haus zu den Sieben Faulen, dem früheren HAG-Haus, eine Einheit bildet, ist von den Architekten Eduard Scotland (1885–1945) und Alfred Runge (1881–1946) erbaut worden.

Der Dichter Rudolf Alexander Schröder (1878–1962) hat mit Blick auf das gegenüberliegende historische Haus Nr. 6 gesagt, es sei »den Architekten Runge und Scotland zu hohem Lobe anzurechnen, dass sie ihre neuen Baulichkeiten in würdiger und kunstvoller Zurückhaltung gewissermaßen wie eine Fassung um den erhalten gebliebenen Edelstein des alten Roselius'schen Geschäftshauses herumlegten«.

Schröder weiter: »Ich möchte, um doch wenigstens eine Einzelheit hervorzuheben, hier besonders auf den Giebel des Petrushauses hinweisen, der, quer vor das an der Gassenwinklung entstehenden Plätzchen gelagert, einen ganz besonders glücklichen Blickpunkt gibt, ohne der gegenüberliegenden alten Fassade im Geringsten nahe zu treten, die eigene bescheidene strenge Monumentalität zu vollkommener Geltung bringt.«

Das Haus St. Petrus trägt seinen Namen nach dem heiligen Petrus, der zum Jüngerkreis Jesu gehörte. Petrus, der mit einem gefüllten Fischernetz die Fassade des Hauses St. Petrus schmückt, war ein Fischer und gilt auch heute noch als Schutzpatron der Fischer und

Schiffer. Im Volksglauben gilt er als Wettermacher und Himmelspförtner.

Es ist aber anzunehmen, dass Roselius als Namensgeber des Hauses St. Petrus auch an Bremen gedacht hat. Denn Bremen besitzt ja nicht nur den St. Petri-Dom. Das Wappen der Stadt, der Bremer Schlüssel, ist letztlich der Schlüssel des Heiligen.

Den Bremern war es vorbehalten, den Himmelsschlüssel auch als Schlüssel zur Welt zu nutzen. Er passt in fast jedes Schloss.

Dass sich Ludwig Roselius im Haus St. Petrus ein Fischrestaurant gewünscht hat – er aß so gerne Fisch, können wir nur als Randnotiz vermelden. Auch Heilige können nicht alle Wünsche erfüllen.

Das Haus des Glockenspiels

Wer die Böttcherstraße in Richtung Martinistraße begeht, gerät zu bestimmten Zeiten auf dem kleinen Platz zwischen dem Roselius-Haus und dem Haus St. Petrus in ein Menschenknäuel, das schwer aufzubröseln ist.

Die Leute gucken konzentriert – alle in eine Richtung – nach oben, dorthin nämlich, von wo der Klang eines Glockenspiels zu vernehmen ist.

Gleichzeitig zum Glockenspiel drehen sich Bildtafeln, auf denen Ozeanbezwinger abgebildet sind.

Das Glockenspiel befindet sich zwischen zwei Hausgiebeln in einem kupfernen Rankenwerk. Die Glocken, die zum ersten Mal im Mai 1934 erklangen, sind aus Meissener Porzellan.

Es war damals das dritte Mal, dass ein Glockenspiel aus Meissener Porzellan installiert wurde. Das erste Glockenspiel erklang in einem Glockenfenster in der Frauenkirche in Meissen und das zweite in Dresden (Glockenspielpavillon im Zwinger).

Während des Zweiten Weltkrieges wurde das Haus des Glockenspiels, das 1923/24 von den Architekten Scotland und Runge erbaut worden war, wie die ganze Böttcherstraße von Bomben zerstört.

Zum ersten Mal nach dem Kriege erklangen 1949 vier Glocken. Mit dem Wiederaufbau des Hauses 1954 war das Spiel mit 30 Glocken komplett.

Dreimal täglich klingen vier Melodien: »Auf Matrosen, die Anker gelichtet«, »Über Bremen fiel ein

Regen« (Komponist Ludwig Roselius, Verwandter des Kaffeekaufmannes), »Wiegenlied an der Küste« (Roselius) und das Weserlied (»An der Weser« von Franz von Dingelstedt, vertont von Gustav Pressel). In der Weihnachtszeit werden Weihnachtslieder gespielt.

Die Bildtafeln, entworfen von Bernhard Hoetger und angefertigt von Victor Kopytko, zeigen die Ozeanbezwinger Leif Eriksson, Dietrich Pining und Hans Pothorst, Christoph Columbus, Robert Fulton, Kapitän König, Major Scott, Captain Alcock und Lieutenant Brown, Charles A. Lindbergh, Hauptmann Hermann Köhl, Ehrenfried Günther Freiherr v. Hünefeld und Colonel James C. Fitzmaurice, Graf Zeppelin und Hugo Eckener. Auf der zehnten Tafel steht das Leitwort, das Leif Eriksson zugeschrieben wird:

Ihr kennt nur Kenntnis.
Ihr kennt nicht des Willens
heißen Trieb,
der Kenntnis erst gebiert.

Die Bildtafeln:
Der norwegische Seefahrer Leif Eriksson, Sohn Erichs des Roten, kam um das Jahr 1000 auf der Fahrt nach Grönland durch einen Sturm vom Kurs ab und gelangte an die Küste Nordamerikas. Dabei handelte es sich vermutlich um das Gebiet von Nova Scotia, Labrador. Leif nannte das entdeckte Land: Vinland. Einer seiner Reisegefährten, ein Deutscher namens Dirk, der vom Rhein stammte, hatte während eines Ausflugs ins Landesinnere Weinreben entdeckt.

Leif segelte danach bis in die Gegend von Boston, das es damals – wie man sich vorstellen kann – noch gar nicht gab. Seine Entdeckung Amerikas blieb ohne Bedeutung.

Immerhin brachten die norwegischen Seeleute Waren mit aus der neuen Welt, unter anderem Holz, das sie an Bremer Holzkaufleute verkauften, sodass also Bremer Kaufleute bereits mit Produkten aus Amerika handelten, als Amerika noch gar nicht entdeckt war.

*

Es sollen auch im 14. Jahrhundert Fahrten an die Nordküste von Amerika unternommen worden sein. Die letzte Fahrt in die Neue Welt vor ihrer endgültigen Entdeckung fand in den Jahren 1472 und 1473 statt.

Damals – und das wird auf der zweiten Bildtafel dargestellt – machten sich die beiden Seeleute Dietrich Pining und Hans Pothorst, vermutlich beide aus Hildesheim, auf den Weg nach Westen.

Der dänische König Christian I. hatte auf Veranlassung des portugiesischen Königs Alfons V. eine Expedition ausgerüstet, die einen westlichen Seeweg nach Indien durch die nördlichen Meere finden sollte. Führer dieser Expedition wurden Pining und Pothorst.

Sie sollen mit ihren Schiffen bis in die Mündung des St.-Lorenz-Stromes vorgedrungen sein, sodass die beiden – etwa 20 Jahre vor Columbus – Amerika entdeckten.

Pining und Pothorst haben nach ihrer Entdeckungsreise ihre alte Tätigkeit als Piraten wieder aufgenommen. Hans Pothorst trieb sein Unwesen an der flandrischen Küste, wobei er von der Gräfin Theda von Ostfriesland unterstützt wurde.

Beide Piraten standen in enger Verbindung zu dem Dänenkönig Christian I., dem Sohn des Grafen Dietrich des Glücklichen von Oldenburg. Christian setzte Pining sogar als Statthalter Dänemarks auf Island ein, was den allerdings nicht daran hinderte, sich in Nebentätigkeit auch weiterhin der lukrativen Seeräuberei zu widmen.

Die beiden Herren haben innerhalb der Hanse für sehr viel Unruhe gesorgt und durch ihr unflätiges Verhalten auf See immer wieder zu Klagen Anlass gegeben – so auf dem Hansetag in Lübeck im Jahre 1487.

Welches Ende die beiden Piraten genommen haben, ist nicht bekannt. Der dänische Chronist Paulus Eliae meinte Anfang des 16. Jahrhunderts, sie gehörten zu jenen Seeräubern, die »ein trauriges Ende fanden, indem sie entweder getötet oder am Galgen aufgehängt oder im Meere ertränkt wurden«.

*

Endgültig entdeckt wurde Amerika durch Christoph Columbus im Jahre 1492, der ausgefahren war, um den Seeweg nach Indien zu entdecken.

Columbus wurde 1451 in Genua geboren, von wo aus er als junger Mann an Seefahrten teilnahm. 1476 kam er nach Lissabon, und dann dauerte es nicht mehr lange, bis er sich mit dem Gedanken einer Westfahrt nach Indien beschäftigte.

Die erste Reise in den Westen führte ihn auf eine der Bahamainseln. Er entdeckte Kuba und Haiti, wo er eine Niederlassung gründete. Bis zum Jahre 1500 unternahm er noch zwei große Reisen Kurs Amerika.

Columbus, der im Gegensatz zu den offiziellen geografischen Vorstellungen des Mittelalters von der Kugelgestalt der Erde überzeugt war, ist im Jahre 1506 in dem Glauben gestorben, sein Ziel, den Seeweg nach Indien zu finden, erreicht zu haben.

*

Ein Atlantikbezwinger, der den Atlantik persönlich nie bezwungen hat, war Robert Fulton (1765 – 1815). Doch er hat das erste brauchbare Dampfschiff gebaut.

Bei dem Schiff handelte es sich um die 46 Meter lange »Clermont«, die mit einer Maschine von 20 PS ausgestattet war und am 17. August 1807 ihre erste Fahrt auf dem Hudson absolvierte. Sie legte die 240 Kilometer lange Strecke von New York nach Albany in 32 Stunden zurück.

Das erste Dampfschiff, das den Atlantik überquerte, war die »Savannah«. Sie begann ihre Reise am 26. Mai 1819 in New York und ging nach 25 Tagen in Liverpool vor Anker. Das Schiff hatte allerdings während der letzten Reisetage aus Mangel an Brennstoff die Segel setzen müssen.

*

Einer der deutschen Volkshelden während des Ersten Weltkrieges war der Kapitän Paul König vom Norddeutschen Lloyd Bremen. König durchbrach im Jahre 1916 mit dem Unterseeboot »U-Deutschland« von Bremen aus die Blockade der Engländer und erreichte den Hafen von Baltimore an der Ostküste der Vereinigten Staaten von Amerika. Dort wurden dringend benötigte Waren für Deutschland an Bord genommen.

Bei der Abreise des Schiffes aus Baltimore warteten acht englische Kriegsschiffe mit Suchbooten und Netzen vor der Chesapeake-Bay.

Bei einem Tauchversuch geriet das Boot in Mahlsände, kam aber nach eineinhalb Stunden frei und konnte die Sperrkette durchbrechen. Am 25. August 1916 erreichte das Schiff die Weser.

Kapitän König unternahm danach noch eine zweite Fahrt nach Amerika. Anfang 1917 traten die USA in den Krieg gegen Deutschland ein. »U-Deutschland« hatte keine Funktion mehr. Das Schiff war im Übrigen das bisher einzige Untersee-Frachtschiff der Welt.

*

Zu den Bezwingern des Atlantiks zählen aber auch die Flugpioniere, deren Taten Ludwig Roselius mit besonderer Aufmerksamkeit, auch als Mäzen, verfolgt hat.

Die Engländer Captain John Alcock und Lieutenant Arthur Whitten Brown überflogen im Jahre 1919 zum ersten Mal im Nonstop-Flug den Atlantischen Ozean in westöstlicher Richtung von St. John's auf Neufundland nach Clifton in Irland.

*

Einer der bekanntesten Flugpioniere war der Amerikaner Charles A. Lindbergh. Beruflich stand er im Luftpostdienst. Bei seinen einsamen Nachtflügen war ihm der Gedanke gekommen, einen Ozeanflug zu wagen. Für diesen Zweck ließ er einen einmotorigen Eindecker konstruieren.

Am 20. Mai 1927 unternahm er mit diesem Flugzeug, das er auf den Namen »Spirit of St. Louis« getauft hatte, den ersten Alleinflug über den Atlantik. Er landete am 21. Mai 1927 in Paris. Tausende von Menschen erwarteten ihn begeistert.

*

Mit Alcock und Brown sowie mit Lindbergh gab es bereits Flugpioniere, die den Ozean in westöstlicher Richtung überflogen hatten. Der schwierigere Ostwest-Flug stand noch aus.

Diese Aufgabe hatten sich der Hauptmann Hermann Köhl, Ehrenfried Günther Freiherr von Hünefeld, Leiter der Propaganda-Abteilung des Norddeutschen Lloyd Bremen, und der Ire Colonel James C.

Fitzmaurice, Leiter des irischen Luftfahrtwesens, gestellt.

Am 12. April 1928 starteten sie mit ihrem einmotorigen Junkers-Flugzeug »Bremen« in Baldonnel in Irland und nahmen Kurs auf Neufundland.

Kohl, Pilot des Flugzeuges, flog oft nur fünf bis zehn Meter über dem Meer. Als heftiges Wetter einsetzte, stieg er auf eine Höhe von mehr als 2000 Metern. Dichte Nebel umhüllten das Flugzeug, sodass der Pilot gezwungen war, zeitweise nur nach Instrumenten zu steuern.

Nach mehr als 35 Stunden landeten die drei Flieger auf Greenly Island am Eingang der Strait of Belle Isle an der Nordwestküste von Neufundland – etwa 1800 Kilometer von New York entfernt.

Am 18. Juni 1928 wurde den drei Pionieren der Luft in Bremen ein begeisterter Empfang bereitet, nachdem sie mit dem Lloyddampfer »Columbus« (32.354 BRT) von New York nach Bremerhaven und von dort im offenen Automobil nach Bremen gefahren waren.

*

Mit einer Tafel wird an den Grafen Zeppelin erinnert. Ferdinand Graf Zeppelin hatte bereits 1873 eine erste Luftschiffskizze angefertigt. Zunächst dachte er an die militärische Verwendung der Luftschiffe, später sprach er davon, dass man mit Luftschiffen Pol- und Transozeanflüge unternehmen könne.

Hugo Eckener, Mitarbeiter des Grafen Zeppelin, wurde 1924 mit der Aufgabe betraut, das für die Vereinigten Staaten erbaute Luftschiff »Z. R. 3« nach Amerika zu überführen.

*

Zwischen dem Haus des Glockenspiels und dem Roselius-Haus befindet sich der Hoetger-Hof.

Dort sind Plastiken von Bernhard Hoetger aufgestellt, die in den Jahren 1909 bis 1928 geschaffen wurden.

Der Brunnen im Hoetger-Hof ist von dem Bildhauer Manfred Lohrengel.

Die Gluckhenne
und »Karl von Bremen«

Bremen verdankt einer Gluckhenne und ihren Küken seine Existenz. Der Bremer Schriftsteller Friedrich Wagenfeld hat die Geschichte erzählt, und wir erzählen sie weiter.

An der Fassade des Hauses des Glockenspiels ist der Gluckhenne ein Denkmal gesetzt worden. Gucken Sie mal zwischen Roselius-Haus und Haus des

Glockenspiels ein bisschen nach oben – kann man gar nicht übersehen.

Aber fangen wir erst mal von vorne an:

Der Himmel war, wie fast immer an der Weser, trübe und bewölkt. Regenschauer und heftige Böen machten jenen heimatlosen Menschen, die in uralter Zeit an einem ungemütlichen Tag die Weser in Kähnen befuhren, das Leben schwer.

Es waren Menschen, die sich schon in ihrer Heimat mühsam durchs Leben geschleppt hatten. Sie lebten dort von der Hand in den Mund. Doch das Leben wäre erträglich gewesen, wenn nicht Feinde das Land erobert und die Freiheit der Menschen bedroht hätten.

Hunger und Not konnten sie ertragen. Doch wie hätten sie leben sollen ohne Freiheit?

So hatten sie die Heimat in kleinen Kähnen verlassen und irrten durch die Welt, erreichten die Weser und ankerten, als sich der Tag dem Ende zu neigte, mitten im Fluss. Hinter einem dichten Schilfgürtel vermuteten sie das Ufer. Aber es führte sie kein Weg dorthin.

Sie spähten umher, suchten einen Landeplatz. Es war vergeblich.

Plötzlich aber drang ein Strahl der sinkenden Sonne durch das Gewölk und erhellte die Landschaft mit einem wunderbaren Glanz, wie es Friedrich Wagenfeld formulierte.

Im letzten Schein der Sonne bemerkten die Flüchtlinge eine auffliegende Henne, die sich mit ihren Küken einen sicheren Ruheplatz für die Nacht suchte.

Die Menschen folgten den Tieren, fanden Landeplätze für ihre Kähne, gingen an Land und erklommen eine Düne, wo sie die Henne und ihre Küken, verborgen im Heidekraut, fanden.

Die Flüchtlinge beschlossen daraufhin, auf der sicheren Düne ihre Hütten aufzuschlagen und sich dort für alle Zeiten niederzulassen.

Sie versprachen einander, dass dieser Platz für sie, die nun endlich ein Asyl gefunden hatten, ein Hort der Freiheit sein sollte.

So wurde der Grund für die Stadt Bremen gelegt.

Der Gluckhenne aber mit ihren Küken haben die Bremer ein Denkmal über dem zweiten Rathausbogen gesetzt – ein Wahrzeichen der Stadt. Ein zweites Denkmal befindet sich – wie wir schon erwähnt haben – am Haus des Glockenspiels.

Nur wenige Meter von diesem Denkmal und dem Haus des Glockenspiels entfernt, fand man bei Bauarbeiten des Hotels hinter dem Haus Atlantis einen frühmittelalterlichen Flusskahn, 20 Meter lang, drei Meter breit, der aus der Zeit der Karolinger stammt, aus der Zeit Karls des Großen.

Das Schiff, das folgerichtig von den Findern auf den Namen »Karl von Bremen« getauft wurde, gibt uns in etwa ein Bild von jenen Kähnen, mit denen die ersten Siedler die Düne von Bremen erreichten.

Der Fund des Schiffes »Karl von Bremen« beweist, dass einst der Bremer Hafen unmittelbar im Bereich der Böttcherstraße gelegen hat. Jedenfalls führte an der Böttcherstraße ein Weserarm, die Balge, vorüber, die als Hafen genutzt wurde.

Das Haus Atlantis

Atlantis, der sagenhafte Inselstaat, soll, so wird gelegentlich behauptet, in der Nordsee gelegen haben, vor Bremens Haustür.

Viele Wissenschaftler siedeln Atlantis eher in der Nähe von Südspanien an, andere suchen den Inselstaat bei den Kanarischen Inseln, und aus den Vereinigten Staaten kam gegen Ende des 20. Jahrhunderts die Kunde, dass ein Wissenschaftler den Beweis dafür angetreten habe, Atlantis sei identisch mit Troja gewesen, was andere wiederum sehr in Zweifel zogen.

Eine endgültige Antwort auf diese Frage wird es wohl nie geben, zumal auch die Norweger behaupten, sie hätten allen Grund anzunehmen, dass Atlantis vor Norwegen gelegen habe, nah genug bei den Vereinigten Staaten von Amerika, sodass auch die Amerikaner sagen können, Atlantis sei in Wirklichkeit ein Stück Amerika gewesen, und wenn man dort nicht das Sternenbanner hisse, so nur deswegen nicht, weil der Standort von Atlantis tatsächlich unbekannt sei.

Immerhin hat schon Platon Atlantis gesucht und es »außerhalb der Meerenge«, möglicherweise der Meerenge von Gibraltar, angesiedelt.

Es sei, so meinte er, größer als »Asien und Libyen zusammen« gewesen, und berief sich auf ägyptische Priester, die genau zu sagen gewusst hätten, dass das mächtige Reich 9000 Jahre vorher versunken sei, nicht etwa aus reinem Jux, sondern als Strafe der Götter für den moralisch-sittlichen Verfall der ehemals tugendhaften, über großen Wohlstand, militärische Stärke und gerechte Gesetze verfügenden Atlanter.

Wir wollen uns, da wir gegen Platon sowieso nicht bestehen können, aus dieser Diskussion heraushalten. Wir wenden uns dem Hause Atlantis in der Böttcherstraße zu, das mit seinem Namen symbolisch die geistige Brücke zwischen Bremen und Nordamerika schlagen sollte.

Es wurde während des Zweiten Weltkrieges weitgehend zerstört – mit Ausnahme des Himmelssaales, der als einer der schönsten Räume Bremens gilt. In ihm lebt Bernhard Hoetger, der Erbauer des Hauses Atlantis, fort.

Die Fassade des Hauses wurde 1965 neu gestaltet von dem Bildhauer Ewald Mataré, der von 1887 bis 1965 lebte. Es ist das letzte Werk dieses bedeutenden Bildhauers.

Noch bevor die Fassade des Hauses von den Gerüsten befreit und das neue Werk der Öffentlichkeit übergeben wurde, starb Materé in seinem Haus in Büderich bei Düsseldorf.

Nur wenige Tage vor seinem Tode hatte der Professor die Böttcherstraße noch einmal besucht und letzte Anweisungen gegeben.

Ein wenig ungeduldig stand der freundliche alte Herr damals vor der Atlantis-Fassade und meinte: »Wenn man nur erst sehen könnte, wie sie aussieht.«

Mataré war mit Widerstreben an dieses Werk herangegangen.

»Ich freute mich gar nicht, als man mich mit dieser Aufgabe betraute«, gestand er freimütig. Er nannte auch den Grund seiner Bedenken: Immerhin galt es, einer bereits fertigen Umgebung ein Mosaik hinzuzufügen, eben die Fassade, ein Mosaik, das in den Rahmen der Böttcherstraße passen, dem Geist des Hauses Atlantis sichtbar Ausdruck verleihen und gleichzeitig die Handschrift des als eigenwillig bekannten Künstlers tragen sollte.

Während der Arbeit, so sagte Mataré, habe er dann mehr und mehr Freude an dieser Aufgabe empfunden. Schließlich sei er von ihr begeistert gewesen.

Mit einer Handbewegung umfasste er die damals verhängte Fassade. »Ich glaube«, sagte er, »sie ist mir recht gut gelungen.«

Auf der Suche nach der geeigneten Form hatte er einen Kompromiss gefunden zwischen einer Backsteinfassade und einer neuen Auffassung der Ornamentik.

Doch stieß er bei der Ausführung auf eine unerwartete Schwierigkeit. Es war ihm unmöglich, solche Backsteine zu bekommen, die seinen Vorstellungen entsprachen. »Es gibt nämlich«, so bedauerte er, »in der Bundesrepublik kaum noch Backstein-Hersteller.«

Nach langem Suchen fand er die für die Atlantis-Fassade passenden Steine. Es waren die letzten in einer Fabrik. Hinter ihnen schloss das Unternehmen seine Tore für immer.

Jenen roten, gelben und schwarzen Steinen aber, die Mataré aufgetrieben hatte, fehlte nach seinen Worten allerdings noch die Durchschlagskraft, der Elan, den er sich für das Werk gewünscht hatte. Er sagte jedoch voraus, diese Unzulänglichkeiten werden nur ein vorübergehender Zustand sein. Eines Tages werde das Wetter dieses Werk vollendet haben.

Mit der Atlantis-Fassade wurde die Böttcherstraße um das Werk eines Mannes bereichert, der zu den führenden Repräsentanten der bildenden Kunst in Deutschland nach dem Zweiten Weltkrieg gehörte.

Ewald Mataré wurde im Jahre 1887 in Aachen geboren. Früh begann er zu zeichnen und zu malen. Er studierte bei Lovis Corinth in Berlin. Später war er Meisterschüler bei Maler Arthur Kampf an der Hochschule für bildende Künste in Berlin. Berlin blieb er bis 1932 treu, danach folgte er einem Ruf an die Düsseldorfer Akademie.

Er blieb nicht lange. 1933 wurde er entlassen. Den braunen Machthabern galt er als entarteter Künstler.

Mataré zog sich zurück.

Nach dem Zweiten Weltkrieg widmete er sich den Aufgaben eines Professors und Lehrers für Holzbildhauerei.

Mataré galt als ein Meister der Plastik. Bekannt wurde er durch seine Tierplastiken, unter denen der Kuh eine hervorragende Rolle zukam. Sie wurde so etwas wie sein Wappentier.

In ihrer ruhenden Masse sah er das geometrische Problem vom Kräfteverhältnis zwischen Rechteck und Trapez des Körpers und Dreieck des Kopfes, ein abstraktes Problem, das er in ungezählten Variationen herausgearbeitet hat. Zu seinen bekanntesten Arbeiten gehören die von der Stadt Düsseldorf gestifteten Portale für die Weltfriedenskirche in Hiroshima.

Die Atlantis-Fassade in der Böttcherstraße legt Zeugnis ab für den Humor des Künstlers, der die Ornamentik an der Fassade nach oben hin durch einen Gong abschließen ließ.

Dieser Gong, so wurde damals beschlossen, sollte dreimal täglich eine Minute vor und eine Minute nach dem Spiel des Porzellan-Glockenspiels mit drei Schlägen auf sich und auf das Spiel aufmerksam machen.

Ewald Mataré sah aber ein Problem. Er meinte, schon beim Anbringen des Gongs müsse verhindert werden, dass sich hinter dem frei in einem Loch hängenden Gong künftig das Familienleben vieler Tauben abspiele.

»Vielleicht«, sagte er, »werden die Tauben den Gong beiseitedrücken und sich in seinem Schutz häuslich einrichten.« Er fügte, indem er die Schultern bedauernd hob, hinzu: »Ja, dann – dann weiß ich auch nicht weiter!«

Robinson-Crusoe-Haus

»Ich wurde geboren in Jahre 1632 in der Stadt York von guter, zwar nicht landeingesessener Familie. Mein Vater nämlich war ein Ausländer, aus Bremen gebürtig, und hatte sich zuerst in Hull niedergelassen.

Nachdem er sich dort als Kaufmann ein ahnsehnliches Vermögen erworben, gab er sein Geschäft auf und übersiedelte nach York, von wo er meine Mutter gefreit hatte, deren Familie, mit Namen Robinson, dortzulande sehr wohl geachtet war und nach der ich Robinson Kreutzner genannt wurde.

Nach der üblichen Art der Engländer, die Worte zu verunstalten, nennt man uns und nennen und schreiben wir selbst uns jetzt Crusoe, und so nannten mich auch immer meine Kameraden.«

Mit diesen Sätzen beginnt eines der bekanntesten Bücher der Weltliteratur: Daniel Defoes »Leben und wunderbare Abenteuer des Robinson Crusoe«.

Für Ludwig Roselius war die Sache klar: Ein Mann namens Kreutzner, der aus Bremen stammte, konnte nur in der Altstadt gewohnt haben – wo auch sonst. Es gab zu jener Zeit noch nicht einmal eine Neustadt.

Und wer Kaufmann war, wohnte und arbeitete möglicherweise in der Martinistraße, nicht weit von der Weser und wenige Schritte von der Böttcherstraße entfernt.

Vielleicht war er gar ein Bekannter der Familie Bobart gewesen, die damals noch das Haus Nr. 6 in der Böttcherstraße bewohnte.

Dennoch wäre diese Beziehung der Crusoes zu Bremen für Roselius kein Grund gewesen, ein Haus der Böttcherstraße nach Robinson Crusoe zu benennen, der sich selbst ja nicht mehr als Bremer bezeichnete, sondern das Bremische ausdrücklich nur auf seinen Vater bezog.

Roselius aber war fasziniert von Menschen, die sich – wie Robinson auf seiner einsamen Insel – selbst zu helfen wussten, die initiativ wurden und sich gegen Widerstände durchs Leben boxten.

Robinson galt für ihn als eine Verkörperung des aufgeklärten, rationalistisch-praktischen Menschen, der, ungeachtet aller Schwierigkeiten, Zivilisation und Kultur in die Wildnis der Natur bringt.

Robinson war für Roselius ein Selfmademan, den er bewunderte. Daher der Name des Hauses.

Das Robinson-Crusoe-Haus am Ende der Böttcherstraße (Ecke Martinistraße) und gleich gegenüber dem Haus Atlantis stellt einen Erweiterungsbau der übrigen Häuser auf der rechten Seite dar. Gleichzeitig ist es eine Besonderheit: Dieses Haus hat Ludwig Roselius entworfen. Architekt war Karl v. Weyhe. Gebaut wurde es 1931.

Im Bremer Kulturleben spielt die Robinson-Crusoe-Halle im Erdgeschoss eine Rolle. Sie wird für Ausstellungen der unterschiedlichsten Art genutzt. Im Flur befindet sich ein Holzschnitt-Relief »Robinson Crusoe« von Professor Theodor Schultz-Walbaum.

Die Moorhexe

Vorbei sind die Zeiten, da sie arglose Wanderer mit ihrer Laterne ins schwankende Moor und damit ins Unglück lockte. Die Moorhexe ist längst nicht mehr das, was sie einmal war. Statt im Moor lebt sie jetzt in Bremen.

Doch wer meint, sie gelegentlich auf einem Besen über die Dächer der Altstadt reiten zu sehen, spät in der Nacht, der irrt. Es sind auch Schleiereulen in der Stadt.

Die Moorhexe, eine Plastik von Bernhard Hoetger, hockt bewegungslos an ihrem Platz am Paula-Becker-Modersohn-Haus. Wer sie sieht – man braucht nur ein bisschen nach oben zu gucken –, der muss kein Unheil fürchten. Der sollte stattdessen wissen, dass er sich auf einem guten Weg befindet: hundert Meter lang – vom Lichtbringer bis zur Martinistraße.

Die Moorhexe ist, wie Leute ihres Alters oft, etwas eigenwillig und halsstarrig.

Sie meint, die Böttcherstraße gehöre ihr, und sie kann tief beleidigt sein, wenn sich ein Besucher in ihrer Straße keine Zeit lässt. Für sie sind die hundert Meter ein ganzes Leben.

Die Moorhexe fühlt sich als guter Geist der Straße und hält sich verantwortlich dafür, dass jeder Besucher eine gute Erinnerung mit nach Hause nimmt – eine Erinnerung an die Kunst, an einen fröhlichen Bummel, an einen günstigen Einkauf, an eine Tasse Kaffee, an ein Tässchen Tee, an ein gutes Essen oder – man

Keine Moorhexe, sondern die Bronzeplastik »Jugend« von Bernhard Hoetger (1909) im Hoetger-Hof

sieht ja so viele Liebespaare in der Böttcherstraße – an eine kleine Zärtlichkeit.

Alte Moorhexen, nicht wahr, können in ihrem Innern recht jung sein.

Manchmal aber, um Mitternacht, wird es in der Böttcherstraße lebendig.

Der Hahn auf der Brunnenröhre streckt sich und kräht: »Ich bin der Größte!«

»Nein, ich«, behauptet der Esel. »Ich marschiere an der Spitze der Stadtmusikanten.«

Doch da knurrt es vom Haus St. Petrus her: »Dummes Zeug! Wir sind die Größten. Wir, der Leopard und der Silberlöwe. Denn wir tragen die Nacht und den Tag, und alle Kinder wollen auf uns reiten – nach Afrika, nach Amerika oder nach Syke.«

Nun gut, wir wollen uns mit ihnen nicht anlegen. Aber sie haben leider keine Ahnung von Geografie. Sie halten Syke offenbar für einen fernen Erdteil.

Was sagen denn die Fische im Aquarium dazu. Gar nichts. Fische sind stumm.

Da meldet sich die Gluckhenne am Haus des Glockenspiels.

»Ich bin die Größte«, gackert sie. »Ich habe Bremen gegründet!« Und etwas herausfordernd guckt sie Paracelsus an, den berühmten Doktor, der – ihr fast gegenüber – am Haus St. Petrus seinen Gedanken nachgeht.

Die Sieben Faulen denken sich ihr Teil. Sie sind vielleicht nicht die Größten. Aber sie sind die Faulsten. Zu faul zum Reden.

Doch die Moorhexe kichert und sagt: »Die Größte bin ich. Ich verzaubere alle, die in die Böttcherstraße kommen – wenn sie sich verzaubern lassen wollen.«

Literatur

Brandes, Nanna: Die großen Ozeanbezwinger, Angelsachsen-Verlag, *Bremen 1934*
Haghefte, Werkzeitschrift der HAG Aktiengesellschaft, *Bremen, Ausgabe Juni 1965*
Kohl, J. G.: Episoden aus der Cultur- und Kunstgeschichte Bremens, Verlag v. C. Ed. Müller, *Bremen 1870*
Kraft Foods Deutschland (Hg.): 100 Jahre KAFFEE HAG. Die Geschichte einer Marke, Edition Temmen, *Bremen 2006*
Müller-Wulcko, Walter: Das Paula-Becker-Modersohn-Haus in Bremen, Angelsachsen-Verlag, *Bremen 1930*
Raasch, Annelene: Glockenspiele aus Meissener Porzellan, Verlag H.M. Hauschild, *Bremen 1994*
Roselius, Hildegard: Erdachte Welt – Erlebte Welt, Georg Westermann-Verlag, *Braunschweig 1966*
Roselius, Hildegard: Ludwig Roselius und sein kulturelles Werk, Georg Westermann-Verlag, *Braunschweig 1958*
Schmidt-Barrien, Heinrich: Von der Böttcherstraße, Herausgeber Die Sparkasse in Bremen *(o. O., o. J.)*
Schmidt-Barrien; Heinrich: Werke – Altbremen, Verlag Heinrich Döll & Co., *Bremen 1975*
Spreckelsen, Heinrich von: Verschollener Wortschatz aus Bremens Vorzeit, Papierflieger, *Clausthal-Zellerfeld 1997*
Strohmeyer, Arn: Der gebaute Mythos, Donat

Verlag, *Bremen 1993*
Tardel, Hermann: Bremen im Sprichwort, Reim und Volkslied, Bremer Schlüssel Verlag Hans Kasten, *Bremen 1947*
Theile, Albert: Die Böttcherstrasse in Bremen, Idee und Gestaltung, Angelsachsen-Verlag, *Bremen 1930*